TEATRO COMPLETO VOLUME 1

AS AVES DA NOITE
seguido de
O VISITANTE

Livros da autora na Coleção **L&PM** POCKET:

Teatro completo volume 1: As aves da noite seguido de *O visitante*

Teatro completo volume 2: O verdugo seguido de *A morte do patriarca*

Teatro completo volume 3: O rato no muro seguido de *Auto da barca de Camiri*

Teatro completo volume 4: A empresa seguido de *O novo sistema*

HILDA HILST

TEATRO COMPLETO VOLUME 1

AS AVES DA NOITE
seguido de
O VISITANTE

Ensaio biobibliográfico de LEUSA ARAÚJO
Apresentação de CARLOS EDUARDO DOS SANTOS ZAGO

www.lpm.com.br
L&PM POCKET

Coleção **L&PM** POCKET, vol. 1284

Texto de acordo com a nova ortografia.

Primeira edição na Coleção **L&PM** POCKET: junho de 2018.

Capa: Ivan Pinheiro Machado
Ensaio biobibliográfico: Leusa Araújo
Apresentação: Carlos Eduardo dos Santos Zago
Preparação: Patrícia Yurgel
Revisão: Maurin de Souza

CIP-Brasil. Catalogação na publicação
Sindicato Nacional dos Editores de livros, RJ

H549t

Hilst, Hilda, 1930-2004
   Teatro completo volume 1: As aves da noite *seguido de* O visitante / Hilda Hilst. – 1. ed. – Porto Alegre [RS]: L&PM POCKET, 2018.
   144 p. ; 18 cm.   (Teatro completo; 1)

ISBN 978-85-254-3761-7

1. Teatro brasileiro. I. Título. II. Série.

18-49464   CDD: 869.2
                   CDU: 82-2(81)

Meri Gleice Rodrigues de Souza – Bibliotecária CRB-7/6439

© 2018 © by Daniel Bilenky Mora Fuentes em acordo com MTS agência

Todos os direitos desta edição reservados a L&PM Editores
Rua Comendador Coruja, 314, loja 9 – Floresta – 90.220-180
Porto Alegre – RS – Brasil / Fone: 51.3225.5777

Pedidos & Depto. comercial: vendas@lpm.com.br
Fale conosco: info@lpm.com.br
www.lpm.com.br

Impresso no Brasil
Inverno de 2018

Sumário

Hilda Hilst: O pássaro-poesia e a gaiola
  Leusa Araújo 7

Sobre as peças
  Carlos Eduardo dos Santos Zago 24

As aves da noite 29

O visitante 103

Hilda Hilst: O pássaro-poesia e a gaiola

*Leusa Araújo**

"Os deuses morrem, mas a divindade é imortal."
Níkos Kazantzákis

Se pudéssemos traçar uma linha divisória para entender a vida e a obra da poeta, dramaturga e escritora Hilda Hilst (1930-2004), uma das mais impressionantes vozes da literatura produzida no século XX, certamente seria em *antes* e *depois* da sua chegada à dramaturgia. O teatro não só prepara a poeta lírica para um salto maior em direção à prosa narrativa como demonstra a disposição de Hilda em se libertar tanto da gaiola da linguagem como das armadilhas do cotidiano. Ou seja, a produção teatral de Hilda coincide com uma nova etapa pessoal: a de dedicação exclusiva à literatura e às questões essenciais do homem perplexo diante do mistério da vida e da morte.

Seu teatro começa a ser composto longe da agitada vida social em São Paulo, onde viveu até os 35 anos. Poeta premiada, conhecida nos meios intelectuais e artísticos, Hilda passou a viver defi-

---

* Escritora e jornalista. Acompanhou de perto a produção de Hilda Hilst desde os anos 1980.

nitivamente na Casa do Sol, em Campinas, construída depois da leitura perturbadora de *Relatório ao Greco*, do escritor Níkos Kazantzákis. Como ele, Hilda acreditou na literatura como via de ascese e de conhecimento da verdade. E que tamanha busca exigia maior interioridade.

Assim, a Casa do Sol será uma espécie de monastério em que tudo foi construído para a disciplina da escritora: nichos de pedra para os livros em quase todos os ambientes e uma arquitetura de cômodos sombrios e de quartos contíguos, que deixavam para o lado de fora a claridade e o calor do interior de São Paulo.

"Foi um começo de bastante solidão", revela Hilda. "Eu tinha uma vida bastante agitada e aqui fiquei numa vida mais concentrada, mais dentro de mim, e fui percebendo também a inutilidade do ser aparência, de várias coisas, enfim, que não tinham mais sentido e, de repente, resolvi começar a escrever exatamente como eu tinha vontade de dizer."

De fato, a dramaturga ocupará quase que inteiramente o lugar da poeta nos primeiros anos na Casa do Sol.

Menina? Que azar!

Hilda Hilst nasceu em 21 de abril de 1930, em Jaú, São Paulo. Quando o pai, Apolônio de Almeida Prado Hilst, fazendeiro, jornalista e poeta, soube que era uma menina, teria dito: "Que azar". Isolou-se em suas terras e cortou os recursos até então dados à mãe de Hilda, Bedecilda Vaz Cardoso, portuguesa por quem havia se apaixonado no Rio de Janeiro e que, mais tarde, viria ao seu encontro em Jaú. Separam-se em 1932. Bedecilda muda-se com Hilda para Santos junto com seu meio-irmão, Ruy Vaz Cardoso, filho de um casamento anterior. Três anos depois, Apolônio será diagnosticado com esquizofrenia paranoide, o que o condenará a quase uma vida inteira em sanatórios.

Hilda criará uma aura mágica em torno da figura do pai, dizendo em repetidas ocasiões: "Em toda minha vida o que fiz foi procurar meu pai e idealizá-lo".

Em São Paulo, Hilda passa oito anos no internato de freiras marcelinas, onde aprende francês, lê Ovídio em latim e decora dicionários inteiros. Essa menina cheia de perguntas em relação aos dogmas da educação religiosa ressurgirá na personagem América e na irmã H – nas peças *A empresa* e *O rato no muro*. Aos quinze anos, inicia o Clássico no Instituto Mackenzie, em São Paulo e, aos dezoito anos, ingressa no bacharelado em direito na Faculdade de Direito do Largo São Francisco.

Aos dezenove anos, podemos vê-la pendurando poemas ilustrados na Exposição de Poesia Paulista, na Galeria Itapetininga, da rua Barão de Itapetininga, em São Paulo – na companhia de Amelia Martins, do poeta Reynaldo Bairão e do pintor Darcy Penteado.

Apesar da formação tradicional, torna-se uma jovem transgressora – lê Camus, Sartre, Kafka, Kierkegaard. Oswald de Andrade, em 1949, na palestra "Novas dimensões da Poesia", no Museu de Arte Moderna de São Paulo, destaca a modernidade de Hilda: "Quando penso que hoje a poetisa Hilda Hilst está cansada de ler Kafka, Hesse, Rilke e Sartre!".

Em uma de suas primeiras aparições como poeta, num evento que reuniu famosos no Museu de Arte de São Paulo, Hilda chama a atenção da escritora e colunista paulistana Helena Silveira: "Lembro-me como se fosse hoje de uma jovenzinha loira, extremamente bonita, que subiu ao tablado e disse os versos: 'Tenho tanta preguiça pelos filhos que vão nascer!'". São versos do seu primeiro livro, *Presságio*, publicado em 1950, aos vinte anos, que despertou imediata acolhida de Cecília Meireles.

"Hilda girando em boates/Hilda fazendo chacrinha/
Hilda dos outros, não minha..."

Carlos Drummond de Andrade, 1952

Aos 24 anos, engaveta definitivamente o diploma de direito. Então curadora do pai, ganha maior independência financeira. Frequenta ao lado de Paulo Mendes da Rocha, Mário Gruber, Rebolo, Sérgio Milliet e outros o famoso Clube dos Artistas Amigos da Arte, ponto de encontro de intelectuais e artistas – inicialmente na rua 7 de abril e mais tarde no "Clubinho", na *cave* da sede do Instituto dos Arquitetos, na esquina das ruas Bento Freitas e General Jardim.

Na sociedade paulistana dos anos 1950, Hilda é poeta de beleza arrebatadora. Desperta versos amorosos de Drummond, cartas de Vinicius de Moraes. Viaja à Europa, veste roupas do badalado estilista Dener. Dá uma passada nos finais de tarde pela Livraria Jaraguá – onde encontra intelectuais – e, depois, segue para a boate Oásis em "companhias duvidosas". No dia seguinte, seu *vison* é comentado nas colunas sociais.

Em 1961, é escolhida para entregar a Augusto Boal o prêmio Saci de melhor autor com a peça *Revolução na América do Sul*. Segue publicando seus livros de poemas e, em 1962, recebe o prêmio Pen Clube de São Paulo por *Sete cantos do poeta para o anjo*, ilustrado por Wesley Duke Lee, prefaciado por Dora Ferreira da Silva, e que marcaria o início de uma longa parceria com o editor e designer gráfico Massao Ohno.

> "Não cantei cotidianos. Só te cantei a ti/Pássaro-
> -Poesia/E a paisagem-limite: o fosso, o extremo/A
> convulsão do Homem."
>
> *Hilda Hilst*

Curiosamente, aos 35 anos, a socialite resolve fazer um movimento inesperado. É quando se muda para a sede da Fazenda São José, de sua mãe, em Campinas, a fim de acompanhar de perto esta que será parte integrante de sua obra: a Casa do Sol. Em 1966, ano da morte de seu pai, passa a viver definitivamente na Casa na companhia do escultor Dante Casarini – com quem ficaria casada entre 1968 e 1985 – e de muitos amigos que por lá passaram, como os escritores Caio Fernando Abreu, José Luis Mora Fuentes e a artista plástica Olga Bilenky. Rodeada por dezenas de cachorros, lê e escreve diariamente, ampliando sua obra. Lá produz toda a sua dramaturgia – de 1967 a 1969 – e inicia-se na ficção.

Entre 1970 e 1989, além de empreender uma nova reunião da sua poesia (publicada de forma fragmentada por pequenas editoras) e de ganhar o Grande Prêmio da Crítica pelo Conjunto da Obra da Associação Paulista dos Críticos de Arte, lança sete novos títulos de poesia e seis outros de ficção – entre os quais *A obscena senhora D* e *Com os meus olhos de cão e outras novelas* –, primeira reunião da sua prosa por uma editora de alcance nacional, a Brasiliense.

Por mais que Hilda tenha mantido o mito da vida reclusa, durante décadas a Casa do Sol permanece sendo um precioso local de encontro de artistas, de físicos e de inúmeros amigos queridos. Porém, o centro de tudo era a produção de Hilda, quase sempre abduzida pelo assunto de sua obra no momento. Adorava ouvir histórias que pudessem enriquecer suas impressões – assim como sobre a vida de santos, mártires e revolucionários que tanto marcaram seu teatro. Escrever era um mergulho profundo e Hilda convidava todos os seus amigos a se afogarem com ela.

No início dos anos 1990, ao completar mais de quarenta anos de trabalho, faz um balanço desanimador sobre a recepção de sua obra e resolve abandonar o que chamou de "literatura séria" para inaugurar a fase "bandalheira" – como se referia à iniciativa da "tetralogia obscena": *O caderno rosa de Lori Lamby* (1990), *Contos d'escárnio/Textos grotescos* (1990), *Cartas de um sedutor* (1991) e *Bufólicas* (1992). Entre 1992 e 1995, passou a escrever crônicas semanais para o *Correio Popular*, de Campinas. Em 1994, recebe o Jabuti por *Rútilo nada*. Mais tarde, o prêmio Moinho Santista pelo conjunto da produção poética, em 2002.

Hilda morreu na madrugada de 4 de fevereiro de 2004, em Campinas, depois de complicações em uma cirurgia no fêmur devido a insuficiência cardíaca e pulmonar. Hoje sua obra é lida e adaptada para os palcos, traduzida em vários países como Itália, França, Portugal, Alemanha, Estados Unidos, Canadá, Argentina, Dinamarca e Japão. E pesquisadores de todo o país se debruçam sobre seu arquivo pessoal, depositado no Centro de Documentação Cultural Alexandre Eulálio, na Unicamp.

Mas ainda há muito o que dizer da influência da dramaturgia hilstiana sobre sua produção posterior – tanto na poesia quanto na prosa ficcional e nas crônicas. Pois nos textos teatrais é apregoada sua visão da linguagem como ato político "de não pactuação com o que nos circunda e o que tenta nos enredar com seu embuste, a sua mentira ardilosamente sedutora e bem armada", como afirmou em entrevista. Em uma palavra, o teatro hilstiano quer ver cair a máscara do Homem.

O TEATRO EM REGIME DE URGÊNCIA

As oito peças que compõem o teatro hilstiano foram escritas em regime de urgência nos anos de 1967-1969. Hilda idealizou em seu teatro o alcance de um público mais amplo para a expressão de suas ideias e principalmente como plataforma para uma verdadeira distopia.

O momento é sombrio: regimes totalitários e ditatoriais avançam na contramão do espírito revolucionário da década. Já em 1963, Hilda participa de um ato de protesto contra a prisão de escritores e cineastas pela polícia salazarista, em Portugal; em seguida, aterroriza-se com os efeitos da Guerra do Vietnã e vê a ditadura recrudescer no Brasil, mostrando cada vez mais suas garras (como em *O novo sistema*). Abrigou em sua casa o amigo e renomado físico brasileiro Mário Schenberg, que, mesmo depois de preso em 1965, continuou a ser perseguido até que seus direitos fossem cassados em 1969.

Hilda tinha clareza da gravidade do período e, assim como outros autores, utilizou-se de alegorias para dar seu recado nos palcos, seguindo o que disse o crítico Décio de Almeida Prado: "Um código suficientemente obscuro para escapar à censura e suficientemente claro para poder ser decifrado sem dificuldades". Do contrário, poderia ter as unhas arrancadas ou ser torturada, como Hilda declarou em entrevista sobre o tema, anos mais tarde.

O UNICÓRNIO DA DRAMATURGIA

À medida que escrevia, Hilda enviava os originais a Alfredo Mesquita – diretor da Escola de Arte Dramática (EAD) da Universidade de São Paulo, espaço para um novo teatro brasileiro. Por intermédio de Mesquita, tanto *O rato no muro* quanto *O visitante* serão encenadas pelos alunos, em 1968, sob a direção de Terezinha Aguiar. No ano seguinte, *O rato no muro* será levada ao Festival de Teatro Universitário na Colômbia.

O maior entusiasta da dramaturgia hilstiana, entretanto, foi o crítico e filósofo alemão Anatol Rosenfeld – um militante de esquerda que, a despeito de sua prodigiosa formação acadêmica na Europa, viveu de forma quase monástica em São Paulo, num pequeno apartamento cercado por livros, e oferecendo cursos livres (na própria EAD), sem aceitar sequer a reparação oferecida pela Alemanha pós-guerra aos judeus refugiados.

É dele o célebre artigo "O teatro de Hilda Hilst", publicado em 1969 pelo *O Estado de S. Paulo*, em que aponta a poeta como verdadeiro acontecimento na dramaturgia brasileira. Reconhece no seu estilo proximidade com os expressionistas alemães, por seus personagens típicos e sua tendência à abstração. Mais tarde irá resumir: "A autora é uma espécie de unicórnio dentro da dramaturgia brasileira". Hilda estabelecerá uma correspondência com o crítico e, graças à insistência dele, inicia-se na prosa ficcional –

o que se dará já em 1970, com a publicação de *Fluxo-Floema* – em que uma das histórias terá justamente como título "O unicórnio".

> "Todo aquele que se pergunta em profundidade é um ser religioso. Tentei fazer isso em todas as minhas peças."
>
> *Hilda Hilst*

Seguindo a ordem da publicação que chega ao leitor pela L&PM Editores, *As aves da noite*, escrita em 1968, é baseada na história real do padre franciscano Maximilian Kolbe, morto em 1941, no campo nazista de Auschwitz. Ele se apresentou voluntariamente para ocupar o lugar de um judeu pai de família sorteado para morrer no chamado "porão da fome" em represália à fuga de um prisioneiro. "De início quis fazer dessa peça uma advertência", escreve Hilda em carta a Anatol Rosenfeld, referindo-se aos sinais do surgimento do neonazismo na Alemanha. "É claro que não surgirá necessariamente um novo Hitler [...], mas acredito no espírito revanchista, e o neonazismo é mascarado, mas para mim será sempre o espírito nazista." No porão da fome, a autora coloca em conflito os prisioneiros – o padre, o poeta, o estudante, o joalheiro –, visitados pelo carcereiro, pela mulher que limpa os fornos e por Hans, o ajudante da SS. "É justamente nas situações extremas (morte, amor) que a poesia se faz", explica Hilda. O processo de beatificação do padre Maximilian Kolbe, iniciado em 1948, resultará na canonização em 1982, ano em que a peça estava sendo encenada no Rio de Janeiro, sob a direção de Carlos Murtinho. Mesmo avessa a viagens, Hilda acompanhou durante dois meses os ensaios.

Sua peça mais poética, *O visitante* (1968), gira em torno do conflito entre Ana e Maria – mãe e filha. Ana, encantadora e meiga, descobre estar grávida. Mas a filha, estéril e parecendo mais velha, levanta suspeitas sobre a paternidade, já que seu marido, genro de Ana, é o único homem da casa. A chegada do visitante, o Corcunda, provoca uma distensão sem, no entanto, apagar o conflito entre, de um lado, o apelo da vida, do sexo e do amor e, do outro, a aspereza de um mundo sem prazer. Num cenário entre o medieval e o nazareno – como propõe a autora –, segue um texto com forte erotismo, ponto de partida de "Matamoros", prosa ficcional que será publicada doze anos mais tarde como parte do livro *Tu não te moves de ti*.

O verdugo foi escrito em 1969 e, no mesmo ano, recebeu o prêmio Anchieta – escolhido pelo júri composto por Antonio Abujamra, Gianni Ratto e Ivo Zanini. Estreou em 1972, na Universidade Estadual de Londrina, sob a direção de Nitis Jacon e, em 1973, foi montado pelo diretor Rofran Fernandes, que introduziu acréscimos ao texto original e deu ao espetáculo nova concepção cênica. Conta a história do carrasco que se recusa a matar o Homem, um agitador inocente, condenado pelos Juízes e amado por seu povo. Temendo reações contrárias, os Juízes tentam – em vão – subornar o verdugo para que este realize a tarefa o mais rápido possível. Apenas o jovem filho entende a recusa do pai. A mulher, ao contrário, aceita a oferta em dinheiro e toma o lugar do marido ao pé do patíbulo, com a concordância da filha e do genro. No final, o verdugo reaparece, desmascara a mulher e conta ao povo o que se passara após sua decisão. O povo reage violentamente matando a pauladas o carrasco e o Homem. O filho sobrevive e foge com os Homens-coiotes, símbolos de resistência. O texto revela a identificação de Hilda com o escritor sueco e prêmio Nobel de 1951, Pär Lagerkvist, autor de *Barrabás* e do conto "O verdugo" (1933), um libelo contra as ditaduras europeias de então. No drama sueco, o carrasco se revolta diante do Criador, questionando-o por tolerar uma profissão em que se vive "em meio ao sangue e ao terror". Em 1970, Hilda Hilst anunciará em seu conto "O unicórnio": "Eu gostaria de escrever como o Pär Lagerkvist".

Em *A morte do patriarca* (1969) podemos reconhecer o humor ácido e o tom de escárnio de Hilda. Um Demônio com "rabo elegante" e de modos finos discute os dogmas da religião e o destino humano com Anjos, o Cardeal e o Monsenhor, ante a visão dos bustos de Marx, Mao, Lenin e Ulisses, de uma enorme estátua de Cristo e da tentativa do Monsenhor de colocar asas na escultura de um pássaro. O Demônio seduzirá o Cardeal a tomar o lugar do Papa; posteriormente, o próprio Papa será morto pelo povo. Em entrevista dos anos 1990, Hilda dirá que, ao contrário do que imaginava, nunca houve período em que o homem teria visto supridas suas necessidades básicas, como comer e fazer sexo. "Os contemporâneos não prepararam o caminho do homem para a ociosidade" – etapa necessária, segundo ela, para que este "passe a pensar" e ganhe a perdida "vitalidade álmica".

O ambiente do colégio religioso, recorrente na obra da autora, aparece em *O rato no muro* (1967) ainda mais estreito. Tudo se passa numa capela, onde a Superiora está cercada por nove irmãs, identificadas pelas letras de A a I. Ajoelhadas e ao lado de cada uma delas, o "chicote de três cordas". Cada religiosa expressa visões diferentes a partir de pequenos abalos ao austero cotidiano do claustro. Irmã H (alter ego da autora) é a mais questionadora e lúcida. Tenta, em vão, mostrar às outras a necessidade de libertação – representada pelo desejo de ser o rato, único capaz de ultrapassar os limites do muro da opressão e do pensamento único. Em "O unicórnio", Hilda voltará ao tema, rememorando sua chegada ao colégio de freiras, em 1938, e os diálogos com irmãs e superioras.

Outro texto baseado em fatos reais é *Auto da barca de Camiri* (1968). Em julgamento encontramos o revolucionário argentino Ernesto Che Guevara, morto em Camiri, na Bolívia – ainda que seu nome não seja mencionado e que sua figura, na peça, seja confundida com a de Cristo. Sob a tensão permanente dos ruídos de metralhadora soando do lado de fora e com o auxílio do cheiro dos populares que desagradam os julgadores, Hilda introduz elementos grotescos e inovadores. A severidade da Lei é representada pelos juízes (mostrados de ceroulas antes de vestirem as togas com abundantes rendas nos decotes e mangas). Há também o Prelado e o Agente. A condenação já está decidida, a despeito do depoimento do Trapezista e do Passarinheiro, que, assim como os demais humildes, serão executados pelas metralhadoras. Um dado importante para o entendimento da obra hilstiana é a menção dos dois sentidos da palavra "escatologia" – tanto como doutrina do futuro quanto de excremento: "Sobre nossas cabeças enfim o que os homens tanto desejam: a matéria! [...] como um novo céu, a merda!". Em 2017, foi apresentada no Festival Latino-Americano de Teatro da Bahia, em Salvador, pela Universidade Livre do Teatro de Vila Velha.

A empresa (inicialmente *A possessa*) foi o seu texto de estreia na dramaturgia, em 1967. Uma crítica ao trabalho alienado, em que se busca mais a eficiência do que a criatividade. América é uma adolescente questionadora que se rebela contra a tradição representada pelo colégio religioso – e terá de prestar contas para o Monsenhor e o Superintendente. Esse inconformismo é medido por certos "termômetros psíquicos" – no dizer de Anatol Rosenfeld, ou "robôs eletrônicos" (os personagens Eta e Dzveta) criados pela própria América e, depois, utilizados pela Instituição para conter as "asas do espírito" e a imaginação. Ou seja, os dirigentes do colégio/empresa impõem às Postulantes e a América um trabalho alienante, o que desencadeia a morte da protagonista.

O novo sistema, última peça escrita em 1968, volta ao tema da privação da liberdade e da criatividade por regimes totalitários. O personagem central do Menino, prodígio em Física, não se conformará com a execução dos dissidentes em praça pública nem com a opressão – desta vez exercida pela Ciência – à evolução espiritual do indivíduo. Assim como em *A empresa*, é evidente a afinidade com a literatura distópica de George Orwell e Aldous Huxley.

Foi com essa visão do homem angustiado – ora vítima, ora algoz, mas sempre preso às engrenagens de um sistema que o escraviza e o aliena – que Hilda construiu seu teatro. Mas como romper a dominação do homem pelo homem? A resposta em sua dramaturgia ecoará para toda a obra posterior: a busca do homem amoroso, generoso e pleno de bondade. Uma busca heroica e místico-religiosa, espécie de nostalgia da santidade, por isso as figuras de Che Guevara morto, do mártir Maximilian Kolbe e do próprio Cristo tantas vezes presente ou evocado.

Seus personagens "são homens diante de homens numa situação limite", em celas, porões, colégios religiosos, ao pé do patíbulo ou mesmo na praça onde amarram-se prisioneiros aos postes. Eles surgem cobertos pelas máscaras sociais que Hilda teimará em arrancar: o juiz, o carcereiro, o monsenhor, o papa, a madre superiora – verdadeiros inquisidores. Em contrapartida, o poeta, o estudante, o menino, a irmã H, o trapezista e tantas outras criaturas dotadas de almas e tolhidas – como pássaros em gaiolas – do seu verdadeiro voo.

Sobre as peças

*Carlos Eduardo dos Santos Zago**

Ao se deparar com *As aves da noite* e *O visitante*, o leitor adentrará um terreno ficcional que lhe exige atenção, tanto pela temática dos poderes totalitários e denunciadora das máscaras sociais quanto pela forma poética e alegórica que alicerça a dramaturgia de Hilda Hilst. Em ambas as peças, encontra-se um arcabouço de imagens e referências remetente a variados universos que se chocam e convergem para revelar nossos substratos sociais.

As aves da noite aparece com referencial localizável, pois encena os últimos momentos do padre Maximilian Kolbe e de seus companheiros de cela, imaginados como simbólicos personagens ficcionais, capazes de testemunhar uma das mais perversas experiências humanas.

A matéria da peça se mostra experimental, já que antagônica ao modelo clássico e aristotélico do drama. Com os personagens em estado de debilidade e delírio, torna-se difícil a construção pautada unicamente no diálogo. Fora isso, em nota introdutória, afirma-se: "Os prisioneiros

---

* Carlos Eduardo dos Santos Zago é doutor em Literatura e Vida Social pela Unesp.

foram jogados numa cela de concreto onde ficaram até a morte", impossibilitando qualquer novidade para o desenvolvimento da ação.

Para que a peça aconteça, portanto, são necessárias artimanhas que se contrapõem à espera da morte. Recursos épicos e líricos são, assim, manipulados, tanto em notas informativas como na variada gama de discursos produzida pelos personagens, que remetem a espaços, tempos e acontecimentos de fora da cena, funcionando mais como expressão de seus interiores do que como parte integrante de um diálogo.

Ao representar o *bunker* da morte, onde foram encerrados os personagens após a fuga de um prisioneiro do campo de concentração de Auschwitz, a dramaturga concebe um cenário cilíndrico, com o público em sua volta. Nota-se, com isso, a construção simbólica do cenário, cuja imagem circular é sempre aludida em objetos, falas e gestos dos personagens, reforçando a situação infernal de aprisionamento.

É com tal imagem que um diálogo textual pode ser percebido. Do *Inferno*, de Dante Alighieri, surgem os círculos que se fecham repetitivamente. A peça de Hilda Hilst, entretanto, por meio da imagem infernal, alegoriza os Estados modernos autoritários, localizados no nazismo, na ditadura civil militar por que passávamos no ano de sua redação, em 1968, ou em qualquer outra ameaça de cerceamento dos sujeitos. Posto o inferno em plano físico, Maximilian não alcançará o Paraíso, como Dante em sua *Comédia*, e o Poeta não mais pertencerá ao cânone ocidental como Virgílio.

Alegorizando os assombros da modernidade, *As aves da noite* desfaz qualquer possibilidade maniqueísta, já que tudo se torna relativizado. Como os soldados da SS, o Carcereiro não admitirá alteridades; a arte como elevação espiritual será posta em xeque, já que os soldados também serão capazes de produzir poemas; e a ciência, como discurso privilegiado, também será denunciada, já que permite a invenção de sádicos experimentos de destruição. As funções sociais serão relativizadas e anuladas na peça: o Estudante de biologia não poderá compreender os mistérios da vida, o Joalheiro não conseguirá produzir ornatos, e as chaves do Carcereiro de nada servirão. A própria imagem de Maximilian percorrerá o movimento das relativizações, pois, para assumir sua postura trágica, Cristo será escolhido como modelo privilegiado para construção do personagem. Portanto, quanto mais humano se faz o deus, mais o padre aproxima-se de seu martírio.

Em *O visitante*, o imaginário cristão está novamente presente e é responsável pela construção de uma atmosfera mítica, formada desde as referências bíblicas dos nomes Ana e Maria, até os elementos que compõem a ceia servida ao misterioso Corcunda, personagem que passa a comungar, além do cordeiro, do vinho e do pão, os elos da má convivência familiar, geradora de traições e desconfianças.

Reforçando tal atmosfera, vemos que os personagens tendem ao simbólico e que o ambiente remete a tempos antigos, entre o nazareno e o medievo, desenvolvendo a ação em um cenário que mistura casa e monastério – elementos, a princípio, contraditórios.

Nesse sentido, tudo, ao que assistimos e ouvimos, pode ser e não ser. O teatro, então, como linguagem, potencializa o embuste, já que para sua concretização há de se estabelecer, ao menos, o jogo representativo entre ator e figura cênica. Os próprios objetos cenográficos são manipulados em acordo com o jogo que vela e revela as identidades. Assim, ao correr da ação, uma bandeja de metal será utilizada como espelho, e um tear jamais será retirado do palco, servindo como símbolo da construção textual, já que texto e tecido possuem a mesma origem etimológica. Com tudo, a peça se dá como demonstração do movimento cíclico de construção/desconstrução de antolhos, o que se vê espelhado na ação mais destacada do texto, a de olhar.

Por fim, o ambiente mítico não se faz refúgio, via paralela, mas se mostra tão perigoso quanto a própria realidade, já que também se encontram nele os aprisionamentos dos sujeitos, seja pela repressão dos seus desejos, seja pela estrutura circular que o compõe.

AS AVES DA NOITE
(1968)

Cenário

Cilindro de altura variável, dependendo da altura do teatro.

Altura do interior da cela, dentro do cilindro: 1,90 m.

Na cela, porta de ferro baixa, com pequeno visor.

Janela à volta do cilindro recoberta de material transparente (arame, acrílico etc.).

Cadeiras individuais à volta do cilindro, isoladas uma das outras por divisões.

Nota

Idealizei o cenário de *As aves da noite* de forma a conseguir do espectador uma participação completa com o que se passa no interior da cela. Quis também que o espectador sentisse total isolamento, daí as cadeiras estarem separadas por divisões.

Hilda Hilst

Com *As aves da noite*, pretendi ouvir o que foi dito na cela da fome, em AUSCHWITZ. Foi muito difícil. Se os meus personagens parecerem demasiadamente poéticos é porque acredito que só em situações extremas é que a poesia pode eclodir VIVA, EM VERDADE. Só em situações extremas é que interrogamos esse GRANDE OBSCURO que é Deus, com voracidade, desespero e poesia.

Hilda Hilst

A tortura da fome faz descer o homem ao nível do animalesco, pois a resistência humana tem os seus limites – além dos quais só restam o desespero ou a santidade.

> M. Vinowska, Pater Maximilian Kolbe
> Friburgo, 1952

Auschwitz, 1941

Do campo de concentração fugiu um prisioneiro. Em represália os SS, por sorteio, condenaram alguns homens a morrer no Porão da Fome. Figurava entre os sorteados o prisioneiro nº 5.659, que começou a chorar. O padre católico franciscano, Maximilian Kolbe, prisioneiro nº 16.670, se ofereceu para ocupar o lugar do nº 5.659. Foi aceito. Os prisioneiros foram jogados numa cela de concreto onde ficaram até a morte. O que se passou no chamado Porão da Fome ninguém jamais soube.

A cela é hoje um monumento. Em 24 de maio de 1948, teve início, em Roma, o processo de beatificação do Padre Maximilian Kolbe.

Personagens

Padre Maximilian: 47 anos.

Poeta: 17 anos, aspecto extremamente frágil.

Carcereiro (também um dos prisioneiros judeus): 40 anos, aspecto vigoroso.

Estudante: 20 anos.

Joalheiro: 50 anos, aspecto frágil.

Mulher: 30 anos, forte.

SS

Hans: Ajudante do SS.

Nota

Quando a peça se inicia, os personagens já estão há algum tempo na cela da fome.

Portanto, os estados de debilidade, comoção intensa, desespero e delírio fundem-se frequentemente.

O Padre Maximilian usa uma batina de aspecto grotesco, sem mangas.

Escuro total, ruído de muitos passos.

Voz de um SS: Número 5.659. *(pausa, voz muito alta: "5.659".)*

Voz do prisioneiro 5.659: Não! Por favor! Eu não! Eu tenho filhos! Tenho mulher! Eu não! *(soluça e chora. Algum tempo)*

Voz do Padre Maximilian *(tom objetivo e provocado por impulso violento)*: Eu posso ir no lugar dele. Eu posso ir.

Voz do SS *(com ironia)*: Ah... Padre Maximilian? Quer ir no lugar dele? *(pausa)* Vejamos... Por quê?

Voz de Maximilian *(tom objetivo. Voz alta)*: Eu já não posso trabalhar. Não sirvo mais.

Voz do SS *(com ironia)*: Mas é tão moço ainda... Qual é a sua idade?

Voz de Maximilian: Quarenta e sete.

Voz do SS: Jovem... Muito jovem... Muito jovem...

Voz de Maximilian *(muito objetivo)*: Mas eu não aguento mais o trabalho. *(pausa)* Não aguento.

Voz do SS *(irritado)*: Muito bem. Qual é o seu número Padre?

Voz de Maximilian: 16.670. *(pausa)*

Voz do SS: Como quiser. Aqui nós fazemos a vontade de todos. O que fugiu também não fez a sua? Mas que fique bem claro: para cada um que fugir deste campo, alguns irão apodrecer na cela da fome. O método será sempre o mesmo: sorteio. *(pausa)* 5.659, volte para o seu lugar. *(passos do 5.659)* Então, Padre Maximilian, está contente? *(pausa)* Vamos, vamos, os cinco em fila, em fila, andando, vamos. *(passos dos cinco prisioneiros afastando-se)* E vocês todos, voltem para os seus trabalhos. *(ruído de muitos passos)* Comovente. *(ri)* Muito comovente. *(ri discretamente)*

Continua escuro total. Silêncio completo durante algum tempo.

Entra luz em resistência.

Estudante *(para o Poeta, pausado, débil)*: Continua... Continua... É bonito.

Poeta: Já faz muito tempo que eu escrevi.

Estudante: Mas é bonito.

Joalheiro *(para o Poeta)*: Continua... isso pode nos aliviar. *(pausa)*

Poeta *(fala o poema tocando-se, olhando-se. Tenso. Comovido)*:

    E deste morto me aproximo.

Carcereiro *(objetivo)*: Você ainda não está morto.

Poeta *(lento)*:

Curvo-me sobre o que foi rosto. Oval em branco.
Pálpebra remota
Boca disciplinada para o canto. O braço longo
Asa de ombro... Amou. Corroeu-se de sonhos.
E cúmplice de aflitos, foi construído e refeito
Em sal e trigo.
(muda levemente o tom. Sorri)
O ventre escuro não gerou,
(grave)
Talvez por isso
Teve mãos desmedidas
E grito o exacerbado foi o verso. Amou. Amou.
(fala mais rapidamente, olhando-se)
Tem os pés de criança: altos e curvados.
O corpo distendido como lança. É inteiriço e claro.
(sem pausa. Voz grave. Exaltada de início até a palavra "hora". Depois mais branda)
Ah, tempo extenso, grande tempo sem fim onde me estendo
Não para contemplar este todo de fora

> Olhar enovelado respirando a hora...
> Antes o olhar suspenso como um arco,
> Olho dentro da fibra que o circunda, cesta
> mortuária.

Carcereiro *(objetivo)*: Você ainda não está morto.

Poeta *(mantém o mesmo tom):*
> Depois a noite, corpo imenso...
> E a palha do meu nome...
> *(voz alta como um chamamento)*
> Que verso te recompõe?
> Que fibra te comove ainda?
> *(voz baixa)*
> O mundo, o mundo...
> O corpo que se move
> Na pretensa carcaça de um molusco.
> Toca-o. Ele se encolhe mudo.
> *(encolhendo-se)*

Estudante: É bonito. É muito bonito. *(pausa)* Já é noite?

Carcereiro: Isso te importa?

Estudante: Eu gosto de pensar como é... lá fora.

Joalheiro: Lá fora? *(ri)* Você já não sabe?

Estudante: Quando eu digo lá fora... é outro tempo, muito longe... tudo muito longe daqui. *(pausa)*

Carcereiro *(para Maximilian que está ajoelhado fora do centro)*: Mas até quando você vai ficar assim?

Joalheiro *(para o Carcereiro)*: Deixa ele sossegado.

Estudante: Uma certa ansiedade... Vem sempre quando começa a noite *(sem pausa)* você sabe que tem gente que pega um gato...

Joalheiro *(interrompendo)*: Que gente?

Estudante: ... e cria gato num quarto escuro desde pequeno. Depois... um dia... solta o animal numa manhã...

Carcereiro *(interrompendo)*: De sol? *(pausa)*

Estudante *(lentamente)*: De sol, de sol, de muito, muito sol.

Joalheiro *(para o Estudante)*: Que gente?

Maximilian *(ainda ajoelhado)*: Há certas coisas absurdas... mas que talvez seja o medo... que faz com que as pessoas façam certas coisas absurdas.

Carcereiro *(com ironia e alguma agressividade)*: Muito bem, Maximilian. Muito bem. O medo então. O medo naqueles que enlouquecem o gato, no próprio gato, em todos. O medo sempre. Muito compreensível. Dá bem para entender. O medo para tudo em todos. Muito bom.

Poeta *(para Maximilian. Exaltado)*: Por quê? Por quê? Por que você escolheu esta nossa morte quando podia ter a vida? Ainda que fosse aquela... Era a vida. Que força te conduziu a isso? Por quê? *(pausa)*

Maximilian *(levantando-se. Voz lenta)*: Me foi dada... Uma força... Me foi dada. *(pausa)*

Estudante: Te foi dada?

Poeta: Por quem?

Estudante: Por Deus? *(pausa)*

Maximilian: Deus... Amor...

Poeta *(debilmente)*: Nosso Deus dorme há tanto tempo.

Maximilian: Vigia.

Poeta *(tom crescente)*: Dorme! Dorme! Dorme um sono tão fundo que as pálpebras enrijeceram. E nunca mais se abrirão.

Estudante: De vergonha.

Poeta: De vergonha diante de nós. *(pausa)*

Joalheiro *(como se tomasse consciência de todo o horror só neste instante)*: Mas tudo isso é mesmo verdade? Aconteceu para mim? Para mim?

Maximilian: Para nós.

Poeta *(sombrio)*: Nós fomos os escolhidos.

Joalheiro *(rancoroso)*: Os malditos.

Carcereiro *(referindo-se a Maximilian. Agressivo)*: Ele a si mesmo se escolheu. Ele quis.

Poeta *(para Maximilian. Voz alta)*: Como é que você pôde? Fala!

Passos violentos do SS. Olha pela pequena abertura da cela, de modo que se possa vê-lo.

SS *(com sarcasmo)*: Então, porcos, já se habituaram? Já começaram a rezar? *(pausa)* É bonita a sua batina, Padre Maximilian. Tivemos o cuidado de fazê-la especialmente. *(ri. Pausa)* O tempo não passa, não é? *(desaparece dando risadas longas mas não acentuadas)*

Maximilian *(lento)*: Luz infinitamente poderosa.

Poeta *(interrompendo)*: Noite infinitamente escura.

Carcereiro *(interrompendo)*: Noite podre!

Maximilian *(interrompendo com voz firme)*: Luz infinitamente poderosa, dai-nos a Tua força, a Tua misericórdia, o Teu amor.

Poeta *(interrompendo apaixonado)*: Amor eu tive. Toda vez que os nossos olhos se encontravam, me vinha no peito aquela canção. E ela cantava comigo. *(canta)*

    Que dia tão claro
    Sobre o meu coração
    Que dia tão claro

Quantas flores
Quanto amor sobre o meu coração
(voz crescente)
Que dia tão claro.

Passos violentos do SS. Aparece novamente na pequena abertura.

SS *(voz suave)*: Então os porcos cantam? O chiqueiro se exalta? *(pausa. Grita)* Silêncio! *(desaparece. Pausa longa)*

Joalheiro *(dócil)*: Maximilian, você é feito de carne?

Carcereiro *(seco)*: De ossos. Você não vê?

Estudante: De células carnívoras, como todos nós.

Poeta *(apreensivo)*: São carnívoras?

Estudante *(sorrindo)*: A natureza da célula orgânica á carnívora.

Joalheiro *(entre irônico e afetuoso)*: Vamos, vamos. Uma aula. O nosso jovem biologista.

Estudante: Um estudante, só isso. Mas acabou-se. Parece que foi há tanto tempo...

Carcereiro *(sombrio)*: Aqui você vai poder estudar a carne até o fim. E o estômago... O que ele faz quando não tritura nada... Sem nada... Absolutamente nada. *(ri)*

Estudante: O falcão...

Carcereiro: O que é que tem o falcão?

Estudante: Vocês sabem... Fizeram um dia uma experiência com o falcão. *(pausa)*

Joalheiro: E daí?

Estudante: Puseram carne dentro de uns tubos de metal e fizeram o falcão engolir.

Poeta *(com ironia)*: Que delicadeza!

Estudante: Para investigar o processo digestivo.

Carcereiro: Do falcão?

Estudante: É.

Carcereiro: Então?

Estudante *(olhando à volta da cela)*: Os tubos eram fechados nos dois lados por umas telinhas de arame.

Joalheiro: Por quê?

Estudante: Para deixar passar qualquer suco do estômago.

Carcereiro: E depois?

Estudante: O falcão era obrigado a engolir esses tubos mas depois punha pra fora.

Carcereiro: Vomitava?

Estudante: É.

Joalheiro: Esses tubos... com carne?

ESTUDANTE: Não. Somente os tubos.

CARCEREIRO *(apreensivo)*: E a carne? *(pausa)*

ESTUDANTE *(sorrindo)*: A carne se dissolvera. *(pausa)* A carne... se dissolvera.

CARCEREIRO: Você está bem certo?

ESTUDANTE: Sim. Dentro dos tubos só ficava um fluido.

MAXIMILIAN *(com firmeza)*: Mas "nós" temos alma.

CARCEREIRO *(voz alta)*: Alma, Maximilian, só você é que tem.

MAXIMILIAN *(em comoção)*: Todos nós temos alma.

Ouvem-se risos fora da cela.

JOALHEIRO *(referindo-se aos SS. Ferino)*: Eles também?

MAXIMILIAN: Todos nós! Todos nós.

CARCEREIRO *(colérico, voz baixa)*: Maximilian, você quer me dizer que esses filhos da puta têm alma? O que é a alma então? O que é? Eu não posso ter nada que eles têm.

POETA *(apertando o estômago e o ventre)*: Minha mãe, eu não aguento. Eu não vou aguentar, eu não vou aguentar.

Joalheiro: Nenhum de nós vai aguentar. Vamos morrer.

Maximilian *(indo de encontro ao Poeta)*: Filho, fala um pouco mais conosco, fala. Nós precisamos falar.

Poeta *(falando com dificuldade)*: A minha amiga... A minha amiga era boa... O meu amigo também era bom, mas... Eu não compreendo como..

Maximilian *(interrompe, tentando desviar a atenção do amigo e da morte)*: Então você escrevia versos... Hein?

Poeta: Sim... sim...

Joalheiro *(com algum desprezo)*: Todo mundo diz que todo mundo já escreveu versos. Eu não.

Maximilian: Mas ele escrevia sempre. Sempre escreveu. *(para o Poeta)* Desde menino, não é?

Carcereiro *(seco)*: Ele ainda é um menino.

Poeta *(para Maximilian. Está desesperado)*: Mas por que ele foi fazer isso? Ele sabia que se alguém fugisse os outros pagariam... Ele era meu amigo... Por quê? Por quê?

Maximilian *(brando)*: Mas ele não sabia que você seria um dos sorteados.

Joalheiro: Foi o acaso.

Carcereiro: Acaso para nós. *(aponta para Maximilian)* Escolha para ele.

Joalheiro *(referindo-se a Maximilian)*: Esse quer ser mártir.

Carcereiro: Quer cuspir em nós.

Estudante *(violento)*: Calem-se idiotas. Ele é diferente, vocês não veem? *(para o Joalheiro com algum desprezo)* Quem é você? Um joalheiro. Mas não muito bom decerto, porque eles não te aproveitaram. *(para o Carcereiro)* E você? Um carcereiro. Foi o que você foi na sua terra, não é? *(com certo desprezo)* Um carcereiro!

Carcereiro *(ameaçador)*: É, fui um carcereiro. Por quê?

Estudante: E agora as tuas chaves não serviriam para nada, não é?

Maximilian *(para o Estudante, suavemente)*: Deixa... deixa... olhem... *(para todos)* Escutem... se nós falarmos... um com o outro... assim... *(com vergonha de dizer a palavra)* tranquilamente, tudo será mais fácil.

Poeta *(como se falasse consigo mesmo, dizendo o poema)*:
> Tranquilamente? *(pausa)*
> Existiu um dia um mundo tranquilo
> Onde havia seres, animais e verde?

Tu exististe, amada, diante dos meus olhos,
Com teus claros cabelos: tu exististe amigo?

MAXIMILIAN *(febril)*: Sim. Nós conhecemos esse mundo antigo.

JOALHEIRO *(rapidamente)*: As pedras podiam ser lapidadas de muitas maneiras.

ESTUDANTE *(interrompe, seco)*: As pedras podem viver milhares e milhares de anos.

CARCEREIRO: Nós somos iguais àquela carne *(com ironia)* dos tubos.

MAXIMILIAN *(veemente)*: Nós somos feitos à imagem e semelhança d'Aquele.

POETA: Maximilian... por favor... me mate.

MAXIMILIAN: Filho, não será tão difícil, você vai ver, escute, quando eu entrei para o seminário *(tentando ser natural)* eu pensava que nas minhas orações... Deus se mostraria. Pensava que o ato de rezar seria acompanhado de infinito consolo, que eu teria sensações, sabe? Me sentiria leve, o coração ficaria inundado de luz, de calor, quem sabe... se até visões eu teria. Uma vez diante do Santíssimo exposto eu vi uma claridade... uma claridade... e depois sabe o que era? *(ri)* Tinham acendido a luz da sacristia. *(ri)* A luz, sabe, a luz lá dentro também clareou o altar, lógico. *(ri)* Lógico, lógico, a luz da sacristia.

Poeta *(interrompendo)*: Lógico... e então você nunca teve nenhum consolo?

Joalheiro: Nenhuma luz dentro do coração quando você reza?

Maximilian: Não, mas...

Carcereiro *(interrompe)*: Mas então Maximilian, que estória filha da puta é essa que você quer nos contar?

Estudante: Cale-se. Ele é diferente.

Carcereiro: Diferente? Diferente no quê? Você mesmo disse que ele é feito de células carnívoras como todos nós... e como o falcão.

Estudante: Você não entende, não pode entender. Um que foi carcereiro não pode entender.

Carcereiro: Merda. E se não havia outra coisa para eu fazer?

Joalheiro *(ingênuo)*: A profissão que eu escolhi, eu escolhi por amor. Eu amo as pedras.

Carcereiro: Você teve sorte. Tocava em coisas limpas... pedra, ouro. Eu tocava sempre no ferro. As chaves eram pesadas, ficavam amarradas na cintura por uma corrente que também parecia de ferro... o barulho que elas faziam... eu ficava brincando com elas. Minha mulher chegou a dizer que eu cheirava ferro, grades, chaves, tudo de ferro.

Joalheiro *(interrompe)*: O cheiro que nós teremos daqui a pouco.

Poeta *(interrompe)*: Conta, Maximilian, conta.

Maximilian: E então eu pensava que teria algum conforto mas...

Carcereiro *(interrompe gritando)*: A tua estória é horrível, Maximilian.

Estudante: Mas você não deixa ele contar, idiota.

Maximilian *(voz em tensão)*: Então eu não tive aquele especial conforto de ter o coração inundado de luz, mas...

Joalheiro *(interrompe)*: Já sabemos, já sabemos.

Maximilian *(interrompe em grande comoção)*: Mas depois senti que era preciso que eu não tivesse nenhum conforto, que Deus queria que a minha oração fosse lúcida, clara, que era preciso rezar com os olhos bem abertos, que dentro de mim tudo ficasse nítido, limpo.

Poeta *(interrompe encolhendo-se)*: Ai que dor, eu não aguento, não aguento. *(comprime o ventre)* Eu tenho tanta vergonha.

O SS olha pela abertura.

Joalheiro *(para o Poeta)*: Solta tudo, homem, solta.

Poeta: Ai meu Deus, meu Deus.

SS *(olhando pela pequena abertura)*: Então já começou a fedentina? *(para o ajudante)* Hans, já estão cagando no chiqueiro. Porcalhada, ainda bem que quem vai limpar tudo isso são porcos iguais a eles. *(pausa. Delicado)* Então, não querem uma mulherzinha para rastejar em cima de vocês? *(discreta risada de Hans)* Nós ainda vamos arranjar, uma bela judia, uma cadela... E o padre de batina? Como vai? De batina, Hans, na merda *(ri)* de batina. *(ri)*

Maximilian olha fixamente para o SS.

SS: Abaixa os olhos, abaixa. *(some. Pausa longa)*

Poeta *(tocando-se)*: O que é o corpo? O que é o corpo?

Carcereiro *(torturado)*: Lá fora... haverá árvores, ainda?

Estudante: Todas as manhãs... nós nos encontrávamos. Ela me dizia que o corpo...

Poeta *(interrompe débil e apreensivo)*: Ela te falava do corpo?

Maximilian está próximo do Poeta.

Estudante: Ela me dizia que o corpo muitas vezes parece uma coisa independente da tua vontade.

Joalheiro: Independente?

Estudante: A tua vontade é deixar o corpo quieto, e de repente ele se move... caminha, vai de encontro aos outros corpos, ela dizia isso.

Poeta: Nós precisamos... Nós queremos o outro corpo.

Estudante *(apaixonado, tom crescente)*: E que também se você repetir a palavra corpo muitas vezes, ela dizia, corpo corpo corpo, experimentem.

Todos repetem, menos Maximilian e o Carcereiro.

Estudante: O corpo deixa de significar o teu corpo e toma a forma de alguma coisa volumosa e cinzenta, ali, à tua frente. Corpo... Ali. *(pausa)*

Poeta *(lentamente)*: O corpo é uma esplêndida organização.

Maximilian *(brando, mas com firmeza)*: O corpo é o envoltório daquilo que está mais fundo, por isso...

Carcereiro *(interrompe irritado)*: O que é o mais fundo, Maximilian?

Maximilian: A al... *(pretendia dizer: a alma, mas corrige-se)* a tua vontade.

Poeta *(para o Estudante, febril)*: Então a tua amiga estava certa? Ela não disse que o corpo parece uma coisa independente da nossa vontade? E se o corpo é só um envoltório da vontade... o corpo não é nada, hein? *(voz alta)* Maximilian, eu não quero esse meu corpo, eu não quero mais! Faz alguma coisa para que ele se acabe depressa, faz alguma coisa pra que eu não saiba dele mais, maldito corpo. *(soluça)*

Maximilian *(muito comovido)*: Ele se acabará, meu amigo, logo, logo... se fosse possível não pensar tanto nele agora... não pensar tanto.

Poeta *(interrompe exaltado)*: Mas eu não posso. Eu sou meu corpo. Eu sou esta imundície que parece não ter fim.

Joalheiro *(suave)*: Eu nunca mais verei a luz... e o brilho.

Maximilian *(interrompe)*: Mas existe uma luz muito mais intensa e essa...

Carcereiro *(interrompendo)*: Maximilian, você podia ficar lá fora e ser muito mais útil pr'aqueles coitados. Aqui você é inútil, aqui a morte é feita de carne, aqui você já é a morte, tudo que você fala é a morte que fala.

Joalheiro *(brando)*: O outro quando foi sorteado começou a chorar...

Poeta *(interrompe)*: Eu não só tive vontade de chorar, eu... *(soluça)*

Ruído de passos distante.

Carcereiro: Eles vêm voltando... vocês estão ouvindo?

POETA *(desesperado)*: Não.

CARCEREIRO: Vêm voltando sim.

Passos mais audíveis.

POETA *(atormentado)*: Eu não ouço nada... você está mentindo.

CARCEREIRO: Agora mais perto.

POETA: Não, não.

JOALHEIRO: Já estão aqui.

POETA *(tampando os ouvidos)*: Não, eu não ouço!

Vozes, risos, ruído de chaves.

CARCEREIRO: As chaves.

A porta é aberta com suavidade. Demoram um pouco para entrar. Ouve-se o SS dizendo: "Você já vai ver, entra, você vai gostar". Uma voz de mulher: "Mas para quê?". Voz do SS empurrando a Mulher para dentro da cela: "Entra!". Entram, também, o ajudante e o SS.

SS *(delicado)*: Boa noite, senhores. *(para a Mulher)* Vamos, dê boa noite aos porcos. Vamos *(safanões)*, diga: boa noite, porcos.

MULHER *(timidamente)*: Boa noite.

SS *(gritando)*: Porcos! Diga *(acentua)* porcos.

MULHER: Boa noite *(safanão pesado)*, porcos.

SS *(delicado, para os prisioneiros)*: Já é noite, sabiam? E a noite é feita pra que mesmo? *(risadas discretas de Hans)* Para o quê? *(pausa)* Para foder, porcos. *(risada alta. Muda o tom de voz para a Mulher)* Vai. Primeiro o que está cagado. *(empurra a Mulher mas simultaneamente puxa)* Não, não, primeiro o nosso amigo de batina. *(ri)* De batina, Hans! O que escolheu a merda, a morte e agora *(delicadamente)* o amor. *(aproxima-se de Maximilian que o olha fixamente. Ameaçando, lentamente)* Abaixa os olhos, abaixa os olhos... *(delicado)* Então uma cadela judia para passar a noite não é nada mau, hein? Será que Deus não vai gostar? *(risadas discretas de Hans)* Vai, sim... nós acreditamos em Deus também... O nosso Deus é o Deus dos justos... *(para a Mulher)* Vamos, pelo menos dá um beijinho nele pra gente ver. *(a Mulher hesita. O SS empurra violentamente a Mulher na direção de Maximilian)* Beija esse de batina, vamos! *(a Mulher beija Maximilian, que lhe sorri)* Ele está gostando, Hans! *(morre de rir)* Ele está gostando! Quer ver que os porcos são até capazes de foder! *(ainda rindo dirige-se à Mulher antes de sair)* Você fica. *(a Mulher olha o SS como que interrogando)* Você fica. *(pausa longa. Tensão)*

MAXIMILIAN: Filha... Você vem...

MULHER *(timidamente)*: Perto daqui. *(pausa)*

CARCEREIRO *(desconfiado)*: Você faz que serviço? *(pausa)*

Joalheiro *(preocupado)*: O que é que você faz? *(pausa)*

Carcereiro: Conta.

Maximilian: Deixem a pobre, deixem.

Joalheiro *(com alguma ironia)*: Conta, quem sabe nos alivia.

Maximilian *(tentando ser natural)*: Você está aqui há muito tempo? Tem família?

Carcereiro *(interrompe gritando)*: Maximilian, nós queremos nos aliviar, está certo?

Estudante: Mas nada do que ela disser pode nos aliviar, é tudo tão...

Mulher *(timidamente)*: Eu posso cantar.

Maximilian: Isso, cante, cante. *(pausa)*

Mulher *(canta)*:
>Que dia tão claro
>Sobre o meu coração
>Que dia tão claro

Estudante *(desesperado)*: Não, isso não, não cante isso... Isso não. *(pausa)*

Carcereiro *(seco)*: Conta, o que é que você faz?

Poeta *(resignado)*: Mas não é preciso, não vai adiantar nada.

Carcereiro *(exaltado)*: Eu também vou morrer, não é? Eu também tenho o mesmo direito de vocês, não é? Vocês falam, o outro canta, eu quero ouvir o que ela faz... *(rude)* Conta. *(delicado)* Conta.

MULHER *(branda)*: Eu vou morrer também, eu sei que vou morrer.

ESTUDANTE: Como é que você sabe?

MAXIMILIAN: Talvez não, por quê? Talvez não.

MULHER *(como se falasse consigo mesma)*: Eles me deixarão viva... vendo o que eu vejo?

JOALHEIRO *(preocupado)*: O que é que você vê? *(pausa)*

CARCEREIRO: Conta.

MAXIMILIAN: Meu Deus, dai-nos a tua força.

CARCEREIRO *(interrompe, para Maximilian)*: Eu quero ouvir o que ela vai contar.

MULHER: Mas por que eu tenho de contar? Por quê?

CARCEREIRO *(com ironia)*: Para que a gente se lembre mesmo depois da morte, sempre, sempre, porque se morrerem todos, a tua palavra vai ficar viva no espaço, viva, você não entende?

ESTUDANTE: A palavra tem vida?

POETA *(tentando acreditar no que diz)*: Um dia quem sabe a palavra se transforma em matéria... e tudo o que ela falar vai ficar assim... imagem... viva, isso mesmo, imagem viva diante dos olhos de todos... e então os que vierem serão obrigados a se lembrar de nós... *(para o Carcereiro)* Não é isso?

CARCEREIRO *(objetivo)*: É isso. *(rude, ansioso, para a Mulher)* Conta.

ESTUDANTE *(olhando à volta da cela)*: Esta cela terá vida. Palavras vivas.

CARCEREIRO *(para a Mulher)*: Vamos, vamos, conta.

JOALHEIRO *(comovido)*: As pedras têm vida. Às vezes...

CARCEREIRO *(interrompe exaltado)*: As pedras não têm vida alguma.

JOALHEIRO *(apaixonado)*: Têm vida sim senhor. Eu tocava em algumas pedras e sentia que elas tinham vida. Algumas eram mais fáceis de manipular, mais dóceis... é assim, se você pega por exemplo o berilo...

ESTUDANTE *(interrompendo)*: A pedra não faz esforço, a pedra não tem vida.

JOALHEIRO *(exaltado)*: As minhas pedras tinham vida, tinham vida.

MAXIMILIAN *(tentando acalmar)*: Todas as coisas que Deus criou têm uma forma de vida. Nós às vezes não vemos, mas a vida está lá dentro pulsando e...

Carcereiro *(interrompe com delicada ironia)*: Meu coração também está pulsando, Maximilian. *(para a Mulher)* Conta.

Maximilian *(interrompe)*: O espírito... A alma das coisas...

Carcereiro *(gritando para a Mulher)*: Con... ta...! *(pausa. Tensão)*

Mulher *(lentamente, a princípio em tensão, depois adquirindo firmeza durante o relato)*: Nós usamos botas de borracha... e máscaras contra gás... mangueiras...

Carcereiro *(tentando entender)*: Botas... máscaras...

Joalheiro: Mangueiras? *(pausa)*

Poeta *(tenso, com desconfiança)*: Mas onde é isso?

Mulher: Bem perto daqui.

Estudante: Eu sei que não vai adiantar nada ela contar.

Joalheiro *(tenso)*: Eu me lembro que...

Carcereiro: Você lembra o quê?

Joalheiro *(com medo)*: Alguém me disse que tinha ouvido uma ordem um dia.

Carcereiro: Que ordem?

Joalheiro *(gritando a ordem que alguém ouviu)*: "Está bem! Dê-lhes algo para devorar". *(pausa)*

Carcereiro: E o que é isso? *(pausa)*

Mulher: É o sinal. *(pausa)*

Carcereiro: Que sinal? *(pausa)*

Mulher: O sinal para que lancem os cristais pelos respiradouros. *(pausa)*

Poeta *(sem entender)*: Pelos respiradouros...

Mulher: Pelas aberturas. Depois as aberturas são seladas.

Estudante *(rindo. Sorrindo. Nervosamente)*: Não, não.

Joalheiro: Cristais...

Mulher: A cor é azul... a cor dos cristais é azul-ametista.

Joalheiro *(apreensivo, sem acreditar)*: As ametistas são pedras muito bonitas mas..

Mulher *(interrompe)*: Eles ficam depois olhando através do vidro das vigias.

Estudante *(timidamente, sem acreditar)*: Olhando? Ficam olhando?

Poeta *(repugnado)*: Eles ficam olhando o que está acontecendo?

Maximilian *(comovido)*: Meus filhos...

Carcereiro *(interrompe)*: Cala a boca.

Maximilian *(tenso)*: Em tudo isso, Deus...

Carcereiro *(interrompendo gritando)*: Deus não é inocente, Maximilian. *(pausa. Sôfrego, para a Mulher)* E depois? E depois?

Mulher: Depois... Passa algum tempo.

Carcereiro *(tenso)*: Minutos? *(pausa)*

Mulher: Eu... e outros... entramos depois de uns trinta minutos... *(pausa)*

Estudante: Com as botas.

Joalheiro: As máscaras... A mangueira.

Carcereiro *(com desprezo, compreendendo afinal)*: Aí... você...

Poeta *(interrompe. Canta em tensão)*:
Que dia tão claro
Sobre o meu coração
Que dia tão claro

Maximilian *(junto com o Poeta)*:
Quantas flores
Quanto amor sobre o meu coração.

Estudante *(junto com o Poeta e Maximilian, voz crescente, mais rápido)*:
Que dia tão claro
Vou andando

Carcereiro *(interrompe violento, tom crescente)*: Não! Não! Ela vai contar até o fim, eu tenho direito de saber, eu tenho direito, de qualquer jeito eu vou morrer, conta, vamos, vamos, aí vocês entram...

Mulher *(medrosa)*: Primeiro a gente... limpa o sangue... as fezes.

Maximilian *(interrompe com delicadeza)*: Não diz mais nada, filha, não diz mais nada.

Carcereiro *(sôfrego)*: E depois? E depois? *(pausa)*

Mulher *(agoniada)*: Depois separamos os corpos. *(pausa)*

Joalheiro *(com horror)*: Eles ficam agarrados?

Mulher: Difícil de separar... mas com cordas... com ganchos...

Joalheiro *(abobalhado)*: Você é forte, tem força. *(pausa)*

Estudante *(tentando cortar definitivamente o relato da Mulher, rápido)*: Eu tive um amigo muito inteligente, muito inteligente mesmo, ele se chamava Isaac, ele queria ser biologista como eu, ele dizia: um dia eu vou escrever isso, veja se não é verdade, ele dizia para mim, olha, se um consumidor servir de alimento a um outro organismo, um segundo consumidor, o consumidor...

Poeta *(interrompe desesperado)*: Não adianta, não adianta.

Estudante *(rapidamente)*: Olhem, ele dava um exemplo bem simples, ele dizia: é bem simples, veja: se um leão vive de zebras e as duas espécies são mantidas estáveis na população, então deve existir cerca de dez quilos de zebra para cada quilo de leão. Como as zebras comem capim, devem existir dez quilos de capim para cada quilo de zebra, e portanto cem quilos de capim para cada quilo de leão. Simples, ele dizia, simples, este é um exemplo de uma cadeia de alimento e invariavelmente cresce como uma pirâmide. *(está exausto. Pausa)*

MULHER *(agoniada)*: Como uma pirâmide, é assim que eles estão junto à porta de metal, como uma pirâmide toda feita de sangue, de sangue muito escuro.

POETA: Meu Deus, meu Deus, meu Deus, meu Deus...

MAXIMILIAN *(febril)*: Quanto me glorificas! *(pausa longa)*

ESTUDANTE: Ainda é noite?

JOALHEIRO: Você não ouviu? Ele já não disse.

ESTUDANTE: Então tudo continua igual... o dia, a noite?

CARCEREIRO *(para a Mulher, enojado)*: E você vive e come... depois disso.

MULHER *(sôfrega)*: Eu quero viver, eu quero viver... é mais forte do que tudo. *(o Carcereiro cospe na Mulher)* Mas eu sou como vocês, eu sou como vocês. *(para o Carcereiro)* Eu sou igual a você!

Carcereiro *(enojado)*: Que coisa tenho eu com você?

A Mulher começa a chorar.

Maximilian: Você é igual a nós, minha filha, é verdade, nós sabemos muito bem, tudo é terrível, a vontade de viver é mesmo uma coisa muito forte, vem de dentro, todos nós sabemos que é uma coisa muito forte, talvez... de repente... no teu lugar nós faríamos a mesma coisa, não fique assim *(a Mulher está desesperada)*, um dia estaremos juntos, todos nós, e nos abraçaremos, muito, muito.

Poeta *(dizendo o poema em comoção)*:
>Amada, ah, que desejo de te beijar a fronte atormentada *(levanta a voz)*
>Ah, meus olhos esquecidos de tudo que já viram
>Sonharem que são olhos inocentes. Meus olhos...
>Na noite com espanto eles se abriram
>Na noite se fecharam de repente. *(pausa)*

Carcereiro *(fingindo docilidade)*: Maximilian, Deus é inocente?

Maximilian movimenta lentamente a cabeça num gesto afirmativo.

Carcereiro: Por quê?

Maximilian: Eu sei que todo o bem vem de Deus...

Poeta *(interrompe sorrindo)*: Mas o mal não vem, mas o mal não vem, mas o mal não vem.

Carcereiro *(provocativo)*: Por que, Maximilian?

Maximilian: As coisas divinas... as coisas divinas são uma noite infinita para a nossa razão.

Joalheiro *(debilmente)*: As coisas de Deus são tão complicadas...

Estudante *(interrompe com sofreguidão, rapidamente)*: Eu também tive aulas muito complicadas, anélida platelminta nematelminta artrópoda molusca moluscoideia...

Poeta *(interrompe sorrindo)*: As coisas de Deus são rendilhadas, muitos caminhos.

Maximilian *(objetivo)*: Um só caminho.

Joalheiro *(tom ingênuo e comovido)*: Eu fiz uma linda peça rendilhada uma vez... vários pontos azuis *(lembra-se do azul dos cristais e continua num tom de voz angustiado)* e um ouro filigranado, muito difícil.

Carcereiro *(tom crescente)*: Por que, Maximilian? As coisas de Deus são tão confusas, não é mesmo? Tudo pode ser e não ser, não é? O direito e o avesso que nunca ninguém compreende e muito menos eu que fui carcereiro, vamos, não é, hein?

Joalheiro *(como se falasse consigo mesmo)*: "O pecador tem um intelecto leve como a palha mas o justo é pesado como o ouro."

Maximilian *(apaixonado)*: O amor pode nos fazer compreender.

Mulher: Amor sim... amor até onde?

Poeta *(desespero surdo)*: Eu não aguento mais... *(dobrando-se)* Se eu arrancasse tudo aqui por dentro e comesse.

Ouvem-se risadas fora da cela.

Estudante *(impotente)*: Se fosse possível rir, se fosse possível...

Maximilian *(interrompe brando, comovido)*: Ele disse uma vez... "Não foi para te dar o riso que eu te amei."

Carcereiro *(para Maximilian)*: O teu Deus imolou o próprio filho.

Maximilian *(apaixonado)*: Por amor.

Ouvem-se novos risos.

Carcereiro *(para Maximilian, com ironia)*: Amor por quem? Por nós? *(Os risos recomeçam. Pausa)* Você tem amor por eles?

Poeta *(lentamente, quase inconsciente)*: Eles são como certas aves que se feriram nas duas asas... e se você quiser socorrê-las... não saberá como... nem por onde segurá-las. Eles são como certas aves da noite.

Carcereiro *(para Maximilian, provocativo, referindo-se aos SS)*: Você tem amor por eles?

Maximilian *(com firmeza)*: Ainda não!... mas lentamente eu abrirei meu peito para que eles tomem os seus lugares dentro de mim.

Poeta *(intensa comoção)*: Eu te amo, Maximilian. Tanto como amei a mim mesmo.

Maximilian: E preciso que você se ame agora também.

Poeta *(assombrado)*: Com este corpo?

Maximilian: Com este nosso corpo.

Mulher *(lentamente, com fervor)*: Eu amo todos aqueles corpos.

Carcereiro *(para a Mulher com intensa ironia)*: Que caridade, que fineza. Você vai nos limpar depois de mortos? Vai separar o sangue e a merda? Hein? Vai?

Joalheiro *(assombrado)*: Mas a gente sangra morrendo por fome e por sede? A gente também sangra?

Maximilian *(lentamente)*: A gente sangra sempre quando morre em amor.

Poeta: Sangra? *(desesperado)* Então eu não quero, Maximilian, eu não quero morrer em amor, eu quero que o meu ódio cresça a cada dia, que o ódio venha depressa, depressa, eu estou cheio de ódio. *(grita escondendo a boca nas mãos. Mostra as mãos)* Olhem, é sangue, vocês me enganaram, vocês me enganaram, me ajuda, Maximilian. *(deita-se)*

Maximilian *(ajoelhando-se ao lado do Poeta)*: Tudo se acabará depressa, é apenas um instante, tudo isso é apenas um instante. *(limpa as mãos do Poeta na batina)* Pronto, pronto, não tem mais nada... olha, está tudo limpo, está limpo, olha.

Joalheiro: É frágil, é tão frágil.

Mulher: É limpo.

Carcereiro: É um menino.

Estudante *(comovido)*: É tão mais velho do que todos nós. *(pausa)*

Todos estão ao redor do poeta.

Poeta *(está morrendo)*: Eu gostaria muito... Eu gostaria...

Maximilian *(apressando-se)*: Que é que você gostaria, meu menino?

Poeta: Eu gostaria muito... Que todos vocês... Cantassem aquela canção outra vez.

Estudante *(tenso)*: Agora?

Poeta: Agora, agora, cantem, cantem.

Maximilian começa lentamente a cantar, e lentamente todos o acompanham. Tom cada vez mais apaixonado.

Todos:
>Que dia tão claro
>Sobre o meu coração
>Que dia tão claro
>Quantas flores
>Quanto amor sobre o meu coração
>Que dia tão claro
>Vou andando, vou cantando
>Abraçado
>Com a minha namorada.
>*(mais rapidamente)*
>Vou andando
>Vou cantando
>Abraçado, abraçado
>Com a minha namorada.

Abrem a porta com violência. Entram o SS e o ajudante.

SS: É uma festa? *(pausa)* Respondam, é uma festa?

Carcereiro: Ele está morto.

Estudante *(sem acreditar)*: Não, não, ele ainda não está morto.

Joalheiro: Ele está de olhos abertos.

Mulher: Ele vai falar agora... ele já vai falar.

SS *(empurrando com o pé o Padre Maximilian ajoelhado junto ao Poeta. Como o Padre não se move, agarra-o pela batina e afasta-o)*: Sai, corvo, sai.

Vamos ver, vamos ver. *(com a ponta da bota sacode o corpo do Poeta várias vezes)* Vamos, levante-se, porco.

Maximilian *(com voz firme)*: Ele é um poeta.

SS: Um poeta? Muito bonito... Hans, leva pra fora, leva pra fora o porco poeta. *(todos se aproximam muito do Poeta)* Para trás, para trás. *(o ajudante afasta todos com violência)* Vamos, todos cantando, cantando, la, la, ra, la... Não querem mais cantar? Pena, pena. *(Hans começa a arrastar o corpo do Poeta para fora)* Então um poeta... muito bonito... nós também temos grandes poetas... Espera um pouco Hans. *(começa a dizer lentamente)*

>Sobre todos os cimos
>O repouso.
>Sobre todos os cumes
>Apenas leve sopro.

Continua comigo Hans. *(os dois juntos)*

>Calam os pássaros na mata
>Espera, pois, e em breve
>Também descansarás.
>*(vão saindo, o SS dá risadas discretas e Hans só sorri)* Muito bonito... Muito bonito...
>*(pausa longa)*

Carcereiro *(para Maximilian. Tom ferido)*: Olha, toca em mim, toca em você... Você acha que Deus tem alguma coisa a ver com a gente?

Com tudo isso que vai apodrecer? E se Ele tem alguma coisa a ver com a gente, Ele não é inocente, Ele sabe. *(exaltado)* De qualquer jeito ele não é inocente. Perto de nós, muito longe de nós.

Mulher *(com embaraço)*: Eu ponho as minhas mãos em todos aqueles corpos mas eu sou inocente.

Carcereiro *(com nojo)*: Você!

Maximilian *(para o Carcereiro, voz em tensão, muito apaixonado)*: Deus é teu amigo, eu também sou teu amigo. Ele te ama assim como eu te amo mas infinitas vezes mais... Ele te desnudou para que você pudesse alcançá-lo... Te fez hóspede desta santa noite para que depois você ficasse para sempre, para sempre... no Seu grande olhar.

Joalheiro *(rapidamente. Tom ingênuo-delirante)*: Muitas vezes era preciso colocar certas pedras muito, muito raras no meio das outras... menos raras, era preciso, eu tinha medo mas era preciso, e depois quando as pessoas olhavam o meu trabalho terminado, achavam que todas as pedras eram muito raras, diziam: "Onde você conseguiu tantas e tão bonitas?" Sabem, o brilho das melhores se espalhava por todas elas... Se fundiam, se misturavam de um jeito como se eu tivesse tirado das trevas aquelas pequeninas pedras, quase humildes... eles olhavam, olhavam... e era para sempre, era para sempre aquele olhar...

CARCEREIRO *(interrompe, seco)*: Mas podia também acontecer o contrário.

JOALHEIRO *(aflito)*: O quê? O que é que podia acontecer?

CARCEREIRO: Tuas pedras raras podiam desaparecer no meio das outras.

JOALHEIRO *(objetivo, tenso)*: Ah, isso nunca aconteceu, isso nunca aconteceu no meu trabalho...

ESTUDANTE *(como se falasse consigo mesmo)*: Hóspede desta santa noite...

MULHER *(branda)*: Hóspede d'Ele... por amor?

MAXIMILIAN: Predileção. Infinito amor.

CARCEREIRO *(para Maximilian, sarcástico)*: Mas você não teve a predileção divina, você se impôs a Deus, você não foi sorteado.

MAXIMILIAN: Ele me aceitou.

CARCEREIRO *(provocativo)*: Talvez não... Você pode até não morrer... *(com ironia)* Pode acontecer um milagre... ou você pode demorar muito, muito para morrer. E isso vai significar... sabe o quê?

Joalheiro: O quê?

Carcereiro *(voz alta, para todos)*: Que ele não é um escolhido de Deus.

Mulher *(olhando fixamente para o Carcereiro)*: Deus nem o demônio nos aceitam.

Estudante *(febril)*: A sede, a minha sede não é humana... Eu não tenho mais nada de humano. *(olha-se a si mesmo)* Maximilian, eu não sou mais humano.

Maximilian *(angustiado)*: Eu também tenho sede... eu também tenho muita sede... mas à medida que a noite caminha, nós deixaremos de ser os velhos homens e deixaremos desta sede.

Carcereiro *(em grande aflição)*: Se tudo isso foi permitido, deve haver um motivo. Um motivo, vocês não acham? Qual é esse motivo, Maximilian? Fala, qual é o motivo?

Joalheiro *(de olhos fechados, parece adormecido)*: Nós seremos lembrados.

Carcereiro *(com sarcasmo)*: Ah, sim, é verdade, nós teremos o amor... pela primeira vez. Pela primeira vez o mundo inteiro terá compaixão, o mundo inteiro ficará possuído de amor por nós. É isso, Maximilian? Foi isso o que teu Deus planejou? Amor para esse povo eleito. Amor a qualquer preço! Amor.

ESTUDANTE *(debilmente)*: Isso tem sentido?

CARCEREIRO *(com ironia)*: O Padre Maximilian acha que tem, não é? Ele vai nos dizer agora o motivo divino dessa carnificina. *(aproxima-se agressivo de Maximilian)* Você vai me dizer nem que eu tenha que te obrigar. *(sacode Maximilian)* Vamos, Maximilian, qual é a resposta do teu Deus?

A Mulher intervém.

MULHER *(para o Carcereiro)*: Você parece o demônio. Afaste-se dele.

CARCEREIRO: Qual é essa resposta? Fala! *(sacode Maximilian várias vezes)*

ESTUDANTE *(fazendo um grande esforço para afastar o Carcereiro de Maximilian. Para o Carcereiro)*: E você acha por acaso que é fácil descobrir um sentido? Você sabe ao menos por que ela está aqui? *(com sarcasmo)* Para saber se o amor pode ser feito mesmo diante da morte? *(começa a rir mas ao mesmo tempo tem contorções de dor)* Isso teria sentido. Mas não é por isso. Ela está aqui para que a gente se pergunte exatamente isso: Por quê?

CARCEREIRO *(atônito)*: Então é como um jogo.

JOALHEIRO *(impotente)*: Como uma brincadeira.

CARCEREIRO *(exaltado)*: As aves brincam com a gente como o teu Deus, Maximilian. Além da nossa carne e do nosso sangue, também a nossa pergunta. Para nos intrigar, hein?

MAXIMILIAN *(exaltado)*: Mas o meu Deus ofereceu a Sua própria carne e o Seu próprio sangue. Ofereceu.

CARCEREIRO: E depois?

JOALHEIRO: O que depois?

CARCEREIRO: Depois... Ele nos colocou aqui. *(para Maximilian muito exaltado)* Ou você pensa que o teu Deus se ofereceu por nada? Para o Seu próprio gozo... para o Seu próprio gozo. Um Deus que escolhe para Ele mesmo o martírio, nada é suficiente, você não vê? E para que Ele consiga um grande prazer, a nossa fome e a nossa sede não bastam. *(começa a bater as próprias costas na parede. Alto-falantes na cela, música)* Não bastam, não bastam, por quê? Por quê?

Maximilian tenta segurar o Carcereiro. Os outros tentam ajudar.

MAXIMILIAN *(desesperado)*: Mas que é que você está fazendo? Não faz isso, não se machuca assim, por favor, se eu tivesse uma resposta eu diria a você mas eu não sei, é alguma coisa que vem de dentro, pare, pare! *(entra praticamente em luta com o Carcereiro. Machuca-se. O Carcereiro para subitamente exausto)*

Alto-falantes continuam por pouco tempo. Depois silenciam.

CARCEREIRO *(ofegante, para Maximilian)*: Por que você está aqui? Este tempo é o nosso tempo... você não compreende? O nosso tempo, nosso! Que é que você veio fazer aqui? *(ajoelha-se e começa a raspar o chão)*

MAXIMILIAN *(ofegante)*: Meu Deus, não adianta você fazer isso.

JOALHEIRO: É cimento. Não mata a fome.

Maximilian tenta levantar o Carcereiro.

MULHER *(em aflição)*: Se eu pudesse fazer alguma coisa, se eu pudesse ao menos...

CARCEREIRO *(enojado)*: Você já faz muito.

JOALHEIRO *(para o Carcereiro)*: Põe a cabeça aqui.

Maximilian ajuda-o a deitar a cabeça nas pernas do Joalheiro, os dois fecham os olhos. Estão como que anestesiados. A Mulher, o Estudante e Maximilian ficam próximos um do outro. Pausa.

ESTUDANTE *(fixando Maximilian)*: Um homem manso dá sempre a impressão de que não perdeu a alma. *(para Maximilian)* Você tenta salvar a sua? Você diz palavras?

MAXIMILIAN: Eu tento salvá-la. Mas eu não me digo palavras.

Estudante: Por quê?

Maximilian *(firme, mas brando)*: Porque prestaremos conta de toda palavra vã.

Estudante: Mas aqui neste lugar, nesta hora, alguma palavra é palavra vã?

Maximilian *(agoniado)*: Eu não sei... eu não sei, você compreende? Eu poderia me dizer e dizer a todos nós tanta coisa... mas justamente aqui, neste lugar, nesta hora, cada palavra...

Estudante *(interrompe)*: Eu sei. *(pausa)* Eu posso pegar em você? O teu corpo é igual ao meu?

Maximilian *(sorrindo)*: É igual.

Mulher *(tocando Maximilian)*: A minha carne é como a sua, olha. *(sorri)*

Estudante *(para Maximilian)*: Você sabia antes de tudo isso acontecer, quem era o teu Deus?

Maximilian: Eu O pensava... cheio de ternura e piedade... e pensava também que o maior mal era a treva... a treva do espírito.

Estudante: E agora?

Maximilian: Agora a treva e a luz são uma coisa só. *(pausa)*

Estudante: Você desejou muito esta morte, não foi?

Maximilian: Eu não pude me conter. Na verdade eu não pude me conter.

Alto-falante. Voz do Führer. Trecho de discurso. O joalheiro e o Carcereiro comprimem as cabeças entre os joelhos, encolhem-se, algum tempo. Reações várias. Cessa o alto-falante.

Estudante: Você não pôde se conter? Quando você disse: "Eu posso ir no lugar dele, eu posso ir?", você não pôde se conter?

Maximilian: Eu não sei... foi muito mais do que um impulso, foi muito mais.

Estudante *(referindo-se a Hitler. Olha para o alto-falante, tom muito sombrio)*: Ele também sente assim... muito mais do que um impulso. Ele é o reverso, você sabe? O reverso. O outro rosto de cada um de nós.

Maximilian: Sim, meu Deus, eu sei... eu sei agora.

O Carcereiro tenta ficar em pé.

Mulher *(como uma confissão)*: Padre, eu quero dizer que... quando eu limpo aqueles corpos, eu sinto no fundo... *(com espanto de si mesma)* eu sinto tanta alegria de não estar ali daquele jeito, o senhor entende? Eu consigo sentir tanta alegria... é quase igual... quando eu era criança, a visita para os mortos era um passeio lindo para mim, lindo. Eu nunca ficava triste quando visitava os mortos, eu me dizia: eles não sentem mais nada, e eu estou aqui respirando e dentro de mim havia um frescor, eu respirava várias vezes, sempre repetindo: eu estou viva, eu estou viva... e tudo em volta de mim era vida... apesar dos mortos. Eu olhava para o céu e de vez em quando passava um bando de passarinhos e eu me lembro que um dia... quando eu era ainda tão pequena... eu fiquei tão contente de estar ali, perto dos mortos, mas viva, fiquei tão contente de estar viva... eu era tão pequena... sabe o que eu fiz? Eu levantei o meu vestidinho e comecei a rodar a rodar a rodar, até que minha mãe pensou que algum espírito tinha me possuído, imagine... ela chegou a pensar isso... um espírito.

CARCEREIRO *(interrompendo com desprezo)*: O espírito de quem?

MULHER: E eu continuava a rodar de alegria. E via o céu azul e os olhos da minha mãe, escuros enormes... o céu azul e os olhos escuros... *(a Mulher parece ter se esquecido que está ali. Está contente)* Que alegria de estar viva! *(o Carcereiro olha fixamente para a Mulher)* Não me olhe assim. Você parece o demônio.

CARCEREIRO *(simulando suavidade)*: Eu, o demônio? Mas é você que vem das fornalhas... você é que ajuda, *(ri)* olha, sua mãe devia estar certa... um espírito te possuiu... você é que ajuda as aves da noite, você ajuda, fazendo aquela limpeza você ajuda. *(aproxima-se da Mulher)* Deixa ver as tuas mãos. *(a Mulher recua)* Mostra as tuas mãos.

MULHER *(amedrontada)*: Não, não!

CARCEREIRO *(aproximando-se)*: Mas eu só quero ver as tuas mãos.

MULHER *(recuando e pedindo auxílio a Maximilian)*: Olha, Maximilian, olha, não!

Maximilian tenta afastar o Carcereiro da Mulher.

MAXIMILIAN *(para o Carcereiro)*: São iguais às nossas, não há nada para ver, deixa!

Interferência e luta contínua de Maximilian com o Carcereiro. Maximilian machuca-se, bate de encontro à parede.

CARCEREIRO *(segurando rapidamente as mãos da Mulher pelos pulsos. Primeiro examina-as, depois obriga a Mulher a acariciar-se, no rosto, nos cabelos. A Mulher tem as mãos rígidas nesse momento e continua dizendo: "Não, não faz assim! Não, não, não!")*: Assim, assim, assim, olha como nem você aguenta o teu próprio corpo, como você tem nojo delas, das porcas, da porca da tua mão. *(mostra as mãos da Mulher para ela mesma)* Olha, vê se elas são iguais a todas as mãos. *(a Mulher desvia o rosto, mas o Carcereiro num gesto rapidíssimo segura os dois pulsos da Mulher com uma única mão, obrigando-a a olhar. Cospe nas mãos da Mulher)* São iguais? São iguais?

Mulher: Pare! Pare!

Maximilian intervém novamente, e o Carcereiro solta finalmente a Mulher.

Mulher *(cruza os pulsos junto à fronte, as palmas das mãos rígidas para fora, temendo tocar-se)*: Elas não eram assim, sabe, elas não eram assim, eu te juro.

Carcereiro *(num misto de alegria e sarcasmo)*: Elas foram *(acentua)* escolhidas para fazer aquele serviço, não é Maximilian? Deus escolheu as mãos dela para aquele serviço.

Maximilian *(voz firme)*: E por isso mesmo é que elas são limpas.

Mulher *(para Maximilian, docilmente)*: São limpas, sim, não é mesmo? São limpas... *(encurva as mãos em direção ao peito mas ainda não ousa tocar-se)*

Carcereiro *(quase de um salto em direção à Mulher)*: Vamos, vamos, se são tão limpas. *(esfrega as mãos da Mulher na roupa da Mulher)* Tão limpas tão limpas tão limpas. *(várias vezes)*

Maximilian *(afastando violentamente o Carcereiro)*: Chega! Chega! Tudo isso já não é suficiente?

Carcereiro: Não, merda, não é suficiente! Alguém tem que sofrer mais do que eu, eu sozinho não aguento, não aguento.

Maximilian *(mostrando o Joalheiro e o Estudante. Febril)*: Mas olha para eles, olha para eles, você não os vê?

Carcereiro *(álgido)*: Eu olho para você, Maximilian, e sei que estou sozinho. *(pausa)*

Maximilian *(agoniado)*: Mas por quê? Por quê? Você não pense nem por um segundo que é fácil... é que... vocês é que me ajudam... sem vocês eu não aguentaria.

Carcereiro *(com ironia)*: Você não aguentaria sem mim? Eu te faço tudo mais fácil, não é? Vocês ouviram? Ele não aguentaria sem nós. Ele diz que não aguentaria sem nós. *(violento e muito próximo a Maximilian)* Você mente! Você aguentaria sua mãe apodrecendo na tua frente, e você aguentaria sozinho. *(ri)* Não aguentaria... *(voz muito alta, angustiada)* Sofre um pouco, homem! Sofre um pouco, pra que eu te veja, meu irmão! *(mais brando)* Olha pra mim, Maximilian, vamos, olha. *(muito emocionado)* Me abraça, abraça este corpo que apodrece, porque o meu corpo... O meu corpo apodrece. *(Maximilian tenta abraçá-lo, mas a Mulher se coloca entre os dois)*

Mulher *(muito comovida)*: Eu te abraço, eu posso te abraçar.

Carcereiro *(recuando)*: Você não pega em mim. Não pega em mim.

Maximilian: Mas por quê? Por quê? Ela é obrigada a fazer aquele serviço. *(voz crescente)* Não é fácil, não é fácil, ela é obrigada!

Carcereiro *(interrompendo repugnado)*: Além daquele serviço ela dá de comer às aves... ela deve passar as noites com as aves.

Mulher: Eu? Você quer dizer que eu... *(desesperada)* isso eu nunca vou fazer... você me acredita, Maximilian? Eu não faço nada com as aves, as aves são eles, não é? Com as aves não... eu nunca fiz nada com as aves.

Carcereiro *(com sarcasmo)*: Você vai fazer, você fará, pra viver, pra viver.

Mulher *(desesperada)*: Nunca. Nunca!

Maximilian *(lentamente como se falasse consigo mesmo, como se orasse)*: "Até o presente momento sofremos fome e sede e estamos nus e recebemos bofetadas e somos injuriados e bendizemos e somos perseguidos e rogamos... Até o presente momento somos o lixo deste mundo, a escória de todos."

Carcereiro *(categórico)*: Você não, você não é um dos nossos.

Estudante: Ele é igual a mim. Tanto quanto tudo em mim.

Joalheiro *(para o Estudante)*: Você ainda não olhou direito para ele, olha pra ele e olha pra você agora, e para mim... ratos... nós... ratos num canto.

MAXIMILIAN *(continua no tom anterior)*: "E todos comeram uma mesma comida... E todos beberam uma mesma bebida".

ESTUDANTE: Minha sede...

MAXIMILIAN *(interrompe, voz alta)*: Minha, tua, nossa sede.

JOALHEIRO: Nossa sede... Nossa?

ESTUDANTE *(em estado de torpor)*: Amor, amor.

MULHER *(para o Carcereiro, sôfrega)*: Pega na minha mão. Seja bom, pega. Se você pegar na minha mão... Você me salva.

CARCEREIRO *(impotente)*: Eu te salvo do quê, mulher?

MULHER: De mim, de mim mesma, do meu nojo.

CARCEREIRO *(com alguma ironia)*: Eu posso te olhar. Isso não te salva?

MAXIMILIAN *(brando, no tom anterior)*: "O olho não pode dizer à mão: não tenho necessidade de ti. Nem a cabeça pode dizer aos pés: não tenho necessidade de vós."

CARCEREIRO *(com dores violentas)*: Agora começou.

MULHER *(com sofreguidão)*: A dor? O que é que começou? A dor?

Carcereiro: O medo... a dor... é a mesma coisa. *(encolhe-se, geme, a Mulher aproxima-se muito)*

Mulher: Respira junto comigo... assim, assim devagar.

Carcereiro *(ofegante)*: Maximilian... *(o Padre aproxima-se muito)*... eu estou sofrendo... sofre comigo, eu quero ver você sofrendo comigo, você vai gritar quando eu *(grita)* quando eu gritar... *(desesperado)*... Eu vou gritar Maximilian, eu vou gritar agora. *(grita)* Eu estou gritando Maximilian. *(grita. O Padre e a Mulher gritam junto com ele. Pausa)*

Fora ouvem-se vozes de vários SS. Deve ficar claro para o público que estão estuprando uma mulher que está morrendo. Frases assim, por exemplo:

- *assim, segura mais firme*

- *abre mais*

- *a cadela não abre*

- *merda*

- *isso, mete agora*

- *mas vai, homem*

- *vai de uma vez*

- *merda, ela está morrendo*

- *depressa, depressa*

(risadas, vozes, ruídos)

– tira ela daí agora

(ruídos. Pausa longa)

Joalheiro *(lento para o Estudante)*: Você conhece alguma coisa mais forte do que a pedra? Algum... algumas pedras não são muito resistentes, vocês sabiam?

Estudante: Quais?

Joalheiro: A... a esmeralda, a esmeralda não é muito resistente.

Estudante *(torpor)*: A esmeralda... O ferro é muito resistente, não é?

Joalheiro *(tom delirante)*: Eu digo as pedras... as pedras, você está me ouvindo? As pedras, o ferro não é nada... eu quero dizer... eu não conheço nenhum trabalho no ferro.

Estudante *(sôfrego)*: Eu fiz um dia um trabalho, lá na escola, a necessidade de todos compreenderem a importância das relações *(ri)* sexuais. Era importante ter saúde, filhos fortes, sabe? Filhos de boa índole, intelectualmente, moralmente, eu fiz esse trabalho, acharam muito bom... filhos resistentes. *(ri)* Filhos resistentes. *(Tom histérico)* Filhos... filhos da puta, assassinos...

Maximilian *(interrompe, segura os pulsos do Estudante. Voz firme)*: Agora nós poderíamos todos juntos pedir uma coisa a Deus... pedir que Ele nos dê agora o Seu grande amor. Agora. *(pausa. Aproximando-se do Carcereiro)* Você está um pouco melhor? Você está me ouvindo?

MULHER: Ele está melhor, sim. *(para o Carcereiro)* Agora está passando, não é?

CARCEREIRO *(com ironia)*: Eu estou ouvindo. Então nós vamos pedir a Deus o que, Maximilian? Só amor, só isso?

MAXIMILIAN: E misericórdia.

CARCEREIRO *(agressivo)*: E coragem Maximilian, coragem, ou você não precisa?

MAXIMILIAN: E coragem.

CARCEREIRO *(aliviado porque conseguiu fazer com que Maximilian pedisse coragem pela primeira vez)*: Enfim... Enfim!... *(muito calmo)* Eu estou melhor... Eu estou melhor.

Maximilian, a Mulher e o Carcereiro estão todos juntos e entende-se apenas uma fala monocórdica de Maximilian, como uma longa oração. Paralelamente, há um diálogo entre o Estudante e o Joalheiro.

ESTUDANTE *(voz baixa, delicada)*: Os insetos têm uma reprodução imaculada, você sabia? Os animais inferiores, como os insetos, têm uma reprodução imaculada...

Joalheiro *(debilmente)*: Limpa? Limpa, você quer dizer?

Estudante: Imaculada.

Joalheiro: E as serpentes?

Estudante *(sorrindo debilmente)*: O mal e o bem se entrelaçam como os ramos das árvores.

Joalheiro *(torpor)*: Imaculada, imaculada. *(pausa)*

Estudante: Você tem mulher?

Joalheiro: Tinha. Agora não sei mais.

Estudante: E filhos?

Joalheiro: Ela dizia que uma alma masculina tinha entrado no seu corpo.

Estudante: Sua mulher dizia isso?

Joalheiro: E quando uma alma masculina entra no corpo de uma mulher... ela nunca tem filhos, você sabia?

Estudante: Não.

Joalheiro: Eu nunca mais poderia tocar em nenhum corpo.

Estudante: E nas pedras? Você tocaria nas pedras?

Joalheiro: Olha este chão, olha. É neste chão que nós estamos morrendo, não é?

Estudante: É, neste chão.

JOALHEIRO: Nós ficamos dóceis diante da morte, não é?

ESTUDANTE: Sim.

JOALHEIRO: Você não quer mais que eu fale?

ESTUDANTE: Sim, meu amigo, fala, fala.

JOALHEIRO *(tensão crescente)*: Eles vão se lembrar. Daqui a vinte anos eles vão se lembrar de nós. Cada um, a cada dia, a cada noite, vai se lembrar de nós. *(Estudante começa a sorrir)* Você está sorrindo?

ESTUDANTE: Estou sorrindo sim.

JOALHEIRO *(desesperado)*: Você não acredita? *(pausa)* Você não acredita?

ESTUDANTE: No começo... eles se lembrarão. Depois... sabe, há uma coisa no homem que faz com que ele se esqueça de tudo... *(pausa. Lentamente)* O homem é... *(voz baixa)* Voraz... voraz.

JOALHEIRO *(grita)*: Adonai! Claríssima morada!

ESTUDANTE *(desesperado)*: Maximilian! Diz para ele que todos vão se lembrar da gente, diz, eu não posso... não posso. Eles vão dizer que nós, que nós somos uma porca invenção.

Maximilian ao lado do Joalheiro. Toca-o.

JOALHEIRO *(sôfrego)*: Será possível? É verdade, Maximilian? Me diz se é verdade.

Maximilian *(com firmeza)*: Não, não é.

Joalheiro *(enfraquecido, mas desesperado)*: Eu estou aqui, não é? Não é verdade? Você me vê, não é?

Maximilian *(comovido, começando a sorrir)*: Eu não só te vejo... sabe, eu... eu sou você. Você me entende? Eu sou você.

Estudante: Eu sou você.

Joalheiro: Eu sou você.

Mulher: Eu sou você. *(pausa)*

Estudante: Sabem, havia um rei que tinha três filhos.

Joalheiro *(debilmente)*: Os reis existem?

Mulher: E deu a cada filho uma coroa, não é isso? *(referindo-se ao Carcereiro)* Ele está dormindo. *(a Mulher aproxima-se do Estudante)*

Estudante: Como é que você sabe?

Mulher: Do rei? É uma estória antiga... e depois o rei... deu um nome a essas três coroas, não é isso?

Estudante: É, é assim, Alef, Iod, já não me lembro.

Mulher *(lentamente, sorrindo no final da frase)*: Mas o mais importante é o fim... quando Deus se mostrou a Israel.

Estudante: Perto do mar, não foi?

Maximilian *(como em sonho)*: E quando Deus se mostrou a Israel perto do mar, o rei fez uma só coroa e deu-lhe um nome.

Estudante *(veemente)*: Você também sabe! E eu me lembro. Eu me lembro desse nome.

Mulher: Penitência. Penitência.

Entreolham-se e sorriem.

Estudante *(para a Mulher começando a delirar)*: Eu nunca teria pensado.

Mulher *(interrompe)*: No quê?

Estudante: Como você se parece com ela.

Mulher: Ela? Ah, já sei. Uma que você amou. Ela era assim? *(passa as mãos sobre o rosto)* Como eu.

Estudante *(muito lentamente)*: Assim. Exatamente assim. Nós saíamos juntos... depois das ratazanas.

Mulher *(sem compreender)*: As ratazanas?

Estudante *(delirando)*: As ratazanas... o laboratório... era impossível deixar de ter piedade... ela tinha piedade... *(voz alta)* mas a piedade é um grande sono! Os que têm piedade adormecem.

O Carcereiro diz palavras incompreensíveis.

Mulher *(referindo-se ao Carcereiro)*: Ele está dormindo, ele tem pena de si mesmo. *(para o Estudante)* Ela era assim, como eu?

Estudante *(tocando na Mulher)*: Fique perto de mim... mais perto. Alguns disseram que o homem se humaniza pelo trabalho em comum. *(ri)* O teu cabelo, a tua cabeça... a zona *(destaca as sílabas)* pré-fron-tal, você sabia? *(destaca as sílabas)* A zo-na pré-fron-tal é o cérebro do coração, do ideal, da relação com Deus... você sabia?

Carcereiro *(grita)*: Maximilian! Vem cuidar da minha alma. Os porcos têm alma.

Estudante: Ela usava uma fivela presa na nuca.

Mulher *(interrompe)*: Quando eu era pequena eu também usava. Tem umas que são grandes, douradas... e outras que são escuras.

Estudante *(interrompendo sorrindo)*: Clara. Uma fivela clara. Ela dizia que as ratazanas...

Mulher *(interrompe dócil)*: Ela puxava o cabelo para trás, assim?

Estudante *(voz muita alta)*: ...que as ratazanas tinham alma. Você acredita? *(ri)* Você acredita?

Joalheiro *(sofrido)*: Eles vão se lembrar até... *(geme)*

Estudante: Amor, amor, você tem piedade?

Mulher: Muita, muita...

Estudante *(é evidente que ele confunde a Mulher com a namorada. Apreensivo, tom crescente)*: Mas você não devia ter... olha, elas não sentem nada, as ratazanas não sentem nada, você não vai poder estudar, se pensar assim.

MULHER (*chorando*): Elas não sentem, eu compreendo, nada.

CARCEREIRO (*em grande tensão*): Maximilian! Você ainda não me disse... você só me falou de uma noite infinita... que o teu Deus é uma noite infinita, não é isso? (*voz muito alta*) Mas isso não basta para quem vai morrer, isso não basta.

JOALHEIRO (*delirando*): Que brilho! É a mais bonita que eu já vi! É toda feita de sangue.

MAXIMILIAN (*para o Carcereiro*): Eu prometo que meu Deus se dará a você se você se der a Ele.

ESTUDANTE (*para a Mulher, muito emocionado, em estado de semiconsciência, lembrando-se de frases que alguém dissera a ele*): É como uma oração... no laboratório teu trabalho deve ser como uma oração, você compreende? Não espere respostas imediatas, entendeu? Olha, você já não é mais criança... eu preciso te falar bem claro, não espera resposta... entrega-te... como uma oração.

MAXIMILIAN (*para o Carcereiro*): É difícil de dizer, escuta...

CARCEREIRO (*interrompe. Transtornado*): O teu Deus... é um lobo, todo feito de sangue... um lobo.

Maximilian *(tom muito apaixonado. Crescente)*: O meu Deus é amante, é como um fogo! É como um grande fogo. Eu sou o alimento do meu Deus.

Carcereiro *(colérico)*: Então é como eu disse, um lobo.

Maximilian *(muito veemente)*: Mas não assim tão fácil, olha, foi preciso que primeiro eu O devorasse para que depois pouco a pouco Ele se alimentasse de mim. Eu também, eu também sou o lobo desse Deus.

Carcereiro *(atormentado)*: Lobos... Lobos...

Maximilian *(delicado)*: Ele ficará dentro do teu peito com o nome que você quiser. Qualquer nome.

Estudante *(para a Mulher)*: A tua mão, a tua mão. *(recobrando a consciência)* Meu Deus, mas é você? *(segura as mãos da Mulher, examina-as)* Mas são iguais, são iguais.

Mulher: Assim?

Estudante: Exatamente assim.

Joalheiro *(num grito)*: Sustenta-me, Adonai, para que o Teu sangue e o meu sejam apenas um.

Maximilian aproxima-se do Joalheiro. Diz algumas palavras: "Meu amigo, meu bom amigo!". Maximilian tenta rezar.

Carcereiro *(para Maximilian, lentamente)*: Então esse amor não é nada suave como eu ouvia dizer... o teu Deus não é nada suave.

Maximilian *(desesperado)*: Mas para nós, eu não te disse? Para nós foi predileção, você compreendeu? Predileção! Amor sem limite. *(para o Joalheiro)* Eles vão se lembrar, fique certo de que eles vão se lembrar.

Ruídos na porta. Abrem-na. Entram o SS e o ajudante.

SS *(com as mãos para trás, escondendo alguma coisa)*: Que paz! Que tranquilidade. Que silêncio, não acha Hans? *(para a mulher)* Prestou algum serviço?

Mulher *(amedrontada)*: Não sei, não sei.

SS *(aproximando-se de Maximilian, que o encara)*: Ainda consegue levantar os olhos, Padre Maximilian? Escute... Ainda podemos trocar o 5.659 por você. Quer? *(pausa)* Não quer? *(pausa)* Eu já sabia. Bem. *(mostra um pacote a Maximilian)* Sabe o que é isso, Maximilian? É um presente para você. Vamos, abra, não tenha medo. *(pausa)*

Lentamente Maximilian começa a desembrulhar o pacote.

Maximilian *(ainda desembrulhando o pacote)*: Para mim?

SS: É, para você, você vai gostar.

MAXIMILIAN *(acabando de desembrulhar. Vê-se que é uma coroa de arame farpado)*: Mas... eu não sou digno. Não, eu não sou digno.

SS *(suavemente. Tenta colocar a coroa em cada um)*: Ah, que pena, Hans, ele não quer o nosso presente. Pena... pena, pena... Vamos ver... *(para o Joalheiro)* Então talvez para você. Imagine que é uma coroa de ouro e de pedras preciosas. *(ri. Para o Carcereiro)* Ou você que parece estar mais vivo. Pega, não quer? *(para o estudante)* E você, criança? As coroas ficam bem nas crianças. Ninguém quer? Ela vai ficar aqui, bem no centro, e vocês... vamos ver uma coisa, façam um círculo, vamos Hans, ajuda, vamos fazer um círculo, assim, assim. *(Hans, orientado pelo SS, movimenta os prisioneiros, menos a Mulher, colocando-os em círculo com a coroa no centro. Hans tem dificuldade para formar o círculo, porque todos estão terrivelmente debilitados. É difícil mantê-los em pé)* Um pouco mais pra cá, mais pra lá agora, muito bem, muito bem, pena que não é possível arranjar umas belas cadeiras com pequenas placas... de prata... onde estariam gravados o nome de vocês. Seria um belo ritual, hein Hans? Ah, agora está bem, um círculo perfeito... muito bonito... *(afasta-se para ver o efeito. Para a Mulher, com violência)* E você sai, sai, vai andando.

Estudante *(para a Mulher, urrando)*: Voltaa-aaa! *(continua gritando "volta" enquanto o SS agride-o várias vezes, tentando fazê-lo calar)*

Durante a agressão do SS Maximilian tenta interferir mas recebe golpes violentos. A Mulher segura com rapidez e desespero as mãos de todos, o Estudante tenta segurar a Mulher, mas Hans afasta-a violentamente, derrubando-a. A Mulher abraça as pernas de Maximilian, mas é arrastada para fora da cela.

SS: Elas se acostumam com tudo, essas porcas. Com tudo. *(pausa. Detém-se junto à porta. Fala suavemente)* Daqui por diante, senhores, *(lentamente)* uma santa madrugada, um santo dia, uma santa madrugada, um santo dia, como uma roda, senhores, uma roda perfeita. *(faz com uma só mão um movimento circular cada vez mais rápido)* Perfeita, infinita, infinita. *(riso discreto. Sai abruptamente)*

FIM

O VISITANTE
(1968)

Personagens

Ana: Mãe. É encantadora, mas possui qualquer coisa de postiço e de indevassável. 40 anos. Mulher clara.

Maria: Filha, 25 anos. Parece mais velha. Morena. Tem alguma beleza.

Homem: Marido de Maria. "Um todo cortês. Um porte ereto e altivo." (segundo o relato de Ana a respeito de uma certa noite)

Corcunda: Homem alto, com uma leve corcova. Nem feio, nem bonito. 45 anos.

Notas: *Ana e o marido da filha são figuras imediatamente atraentes.*

O corcunda não deve ser tratado ostensivamente como um elemento mágico. Não deve ter tiques, apenas um certo sorriso, um certo olhar e alguns gestos perturbadores.

Ana e Maria estão vestidas exatamente iguais.

Homem e corcunda estão vestidos exatamente iguais.

Ana nunca se movimenta rapidamente. É lenta, grave, composta e delicada. Não é uma formigui-

nha laboriosa, apesar da filha vê-la assim. Maria tem gestos duros. É disciplinada quando arruma os pães.

Pequena peça poética que deve ser tratada com delicadeza e paixão. Pausas, cumplicidades nada evidentes, silêncios esticados. Sobretudo é preciso não temer as pausas entre certas falas. São absolutamente necessárias.

Cenário

Cenário quase monacal. Paredes brancas, arcos, um pequeno corredor dando para os quartos, uma grande porta escura de madeira. Não há pobreza ostensiva. Mesa grande, escura, de madeira. Sobre a mesa, uma jarra. Ao lado da jarra, um maço de flores em desordem. Uma pedra de mármore com muitos pães, redondos, compridos. A sala é um lugar onde se executam tarefas domésticas e também onde se come. Um tear, sem muita importância, num canto. Por um dos arcos, vai-se até a cozinha. Sob a jarra, uma bandeja redonda de metal. Jarra também de metal. As mulheres vestem roupas longas, talvez brancas, talvez com bordados escuros nas mangas. Vejo tudo entre o medievo e o nazareno – branco, vermelho e marrom.

Ana *(tecendo ou próxima do tear, como se tivesse acabado de tecer alguma coisa)*: Muitas vezes tenho saudade das tuas pequenas roupas. Eram tão macias! *(sorrindo)* Tinhas uma touca que, por engano meu, quase te cobria os olhos.

Maria *(seca)*: É bem do que eu preciso ainda hoje: antolhos.

Ana *(meiga)*: E uma camisola tão comprida... branca. Nos punhos e no decote, coloquei umas fitas. E te arrastavas, choravas se, de repente, na noite, não me vias.

Maria: Agora vejo-te sempre. Cada noite. Cada dia. *(pausa)*

Ana: Eras mansa. Me amavas. Ainda me amas agora?

Maria: Ah, que pergunta! As coisas se transformam. Nós também.

Ana: A casa ainda é a mesma. E a mesa e...

Maria *(interrompendo)*: A casa, a mesa... todas essas coisas vivem mais do que nós. Ficam aí paradas. E assim mesmo envelhecem. Tu pensas que são as mesmas e não são.

Ana: Imagina! Sei tão bem que é a mesma casa e a mesma mesa e...

Maria *(interrompendo)*: Tu não entendes.

Ana: Explica-me então.

Maria: Tudo se modifica, não percebes? *(pausa)*

Ana *(começa a cantar com os lábios fechados)*: Bem, deixa-me arrumar estas flores. *(pega as flores que estão sobre a mesa e começa a colocá-las dentro de uma jarra. De repente, faz um gesto como se sentisse alguma coisa no ventre. Aproxima-se da filha. Apreensiva)*
> Filha, põe a mão sobre o meu ventre.
> Vê que volumoso. Às vezes
> Um lado se estende mais que o outro.
> Outras, sinto por dentro um ruído...
> Como um soco.

Maria *(seca)*: Deve ser o comer.

Ana: Mas tu sabes que me alimento pouco.

Maria: Nenhuma outra coisa pode ser.
> Teu ventre já fez o que devia:
> Gerou-me a mim.

Ana *(triste)*: E aquela que morreu.

Maria *(seca)*: Mas ainda assim
> Deus te deu beleza em demasia.

Ana: Foi generoso comigo: *(aproxima-se mais da filha)*
> Deu-me esta filha.

      Tu, sim, és bela.
      Mas te falta cumprir
      Esse dever de dar
      Um filho ao teu marido.
      E a mim, uma nova alegria. *(pausa)*
      Hei de fazer um berço
      Todo de renda e sol.
      Laços talvez. Mas nada
      Muito rico. Não podemos.
      Duas ou três
      Fitas de cetim, umas quantas
      Deixa-me ver... umas quantas
      Pérolas pequeninas
      Sem muito brilho, essas
      Baças, mas de contorno
      Delicado, presas
      Por um fio de ouro fino
      E depois algumas...

Maria *(interrompe, seca)*: Algumas nenhumas mãe. *(pausa)*

Ana: Não te alegro minha filha
      Falando do teu filho
      Que um dia há de vir? *(pausa)*
      Mas o que tens? Falei muito?
      Te cansaste?

Maria: Não.

Ana *(amorosa)*: Vem, senta-te perto de mim.

Maria: Devo alimentar o cão. *(pega uma vasilha e vai até um dos arcos, coloca a vasilha no chão e* *fala como se o cão estivesse presente)* Tu és bom. Tu és bom. És meu. *(Volta novamente e continua a arrumar os pães. Olha para a mãe fixamente)*

ANA: Às vezes tens um olhar...

MARIA: O meu olhar de sempre.

ANA: Tens um olhar de uma mulher
Que vi um dia.

MARIA *(objetiva e severa)*: Quem era?

ANA: Não sei. Era por um caminho.
E era noite.

MARIA: Disseste um dia.

ANA: Um dia é maneira de dizer.
Era noite.

MARIA: Mas amanhecia?

ANA: Era noite.

MARIA *(grave e irônica)*:
As coisas que tu dizes!
Nem sabes da mulher...
Mas enxergaste os olhos! *(ri)*
E por um caminho à noite.
Ainda que sob a testa
Tivesses mais dois olhos!

ANA: Os olhos eu não vi.
Senti o olhar. É diferente.

MARIA *(irônica)*:
E nessa noite
Havia pelo menos um luar?

Ana: Não.

Maria: Tu mentes. *(pausa)*

Ana: Um olhar não se vê, minha filha.
Um olhar pousa sobre nós.
Ou penetra. Pode ser asa somente.
Pode ser estilete.

Maria *(seca)*: E então como era o olhar dessa mulher?

                Pousava ou magoava?

Ana *(olha para a filha)*: Era um olhar... *(pausa)* doente. *(Maria olha fixamente para Ana)* Minha filha... Que olhar!

Maria *(severa)*:
O meu olhar de sempre. Já disse.
Tens mais imaginação do que um profeta.
Primeiro falas do ventre e de ruídos.
Quem te ouvisse
Em ti encostaria o próprio ouvido
E esperaria o impossível... *(ri)*
Um vagido! *(ri)*
(severa) Nunca te conformaste com a velhice.
(aproximando-se) Queres parir ainda.
Abrir as pernas
E dar caminho ao que vai sair
Ou a uma nova espera?

Ana: Como te transformaste!

Maria: Eu não te disse? Agora compreendes? Nós nos transformamos. *(pausa)*

Ana *(surpresa, põe a mão sobre o ventre)*: Vê! Ele se estende!

Maria: Mas por que falas do ventre
A cada instante?
Meu Deus!
Já não me basta ouvir a tua voz
Ainda é preciso ouvir teus ruídos
Tuas vísceras. O que queres de mim?
Que eu te toque? Que te alise a barriga?

Ana: Aquela que morreu assim faria.

Maria: Mas está morta. *(pausa)* Falas do meu olhar... E o teu? Já te olhaste? *(pega na bandeja de metal)* Eu te mostro. *(segura a bandeja bem próxima de Ana, junto ao rosto)* Olha! Tens o olhar de uma mulher com sede.

Ana: Sede de quê, minha filha?

Maria *(voz baixa e irada)*:
Sede de ter entre as pernas o que te conviria.
(Ana cobre o rosto com as mãos)
Oh, até a morte será preciso
Te olhar. Até a morte
Eu estarei aqui, vendo o teu rosto
E a tua imunda maneira de agradar.
Ah, se for preciso conviver contigo
Sempre, sempre...

Ana (*interrompe, muito assustada*): Devias te cuidar. Estás doente.

Maria: Olha-me. Há em mim qualquer coisa que é tua?

>Tenho por acaso o teu cabelo, a tua pele
>O teu andar? Olha as minhas mãos!
>São duras. Olha o meu ventre, olha!
>É curvado para dentro. E não para frente.

Ana (*com seriedade e meiguice*): E a minha culpa em tudo isso onde está? (*ouvem-se ruídos, vindos de fora. Ana olha para um dos arcos que dá para o jardim*) Cala. Teu marido vem chegando.

Maria: Calar-me? Por quê?

Ana: Porque nunca se espera um homem
>Gritando.

Entra o Homem, marido de Maria.

Homem (*sorrindo*): Boa noite Ana. (*pausa. Olha para a mulher com delicadeza, mas sem sorrir*) Então que fizeste?

Maria (*seca*): Infinitas tarefas.

Homem (*amável*): Diz uma delas. (*pausa*)

Ana (*quebrando o silêncio da filha*):
>Olha, fez pães.
>E depois teceu.
>Colheu flores. Cantou.

Maria: Já não basta?

Homem *(sorrindo)*: Cantaste? *(pausa)*

Ana *(quebrando o silêncio da filha)*:
>Uma canção breve
>Mas tão bela...
>Quem a ouvisse cantar
>Rezaria por ela.

Homem *(grave)*: Ainda bem, Ana. Rezar é bom. *(aproxima-se da mulher, sorri)* Canta. Como era? *(pausa)* Está triste?

Ana *(interrompe sorrindo)*: Imagina!

Homem *(para a mulher)*: Então canta. *(pausa)*

Ana *(aflita)*: Sabes, tem vergonha
>>De cantar tão bem
>>Que tu nem sonhas.

Homem *(amável)*: Eu ajudo. Era essa? *(canta sem mover os lábios)*

Ana *(sorrindo)*: Não. Era assim:
>Pelo caminho, no monte
>Pela planície, no horizonte,
>Vou caminhando.
>*(os dois juntos):*
>Tenho no peito um amor.
>Tenho nas mãos uma flor.
>Vou caminhando
>E nunca chegando
>Nunca chegando.

Maria *(interrompendo)*: Parem! Dois anjos! Dois querubins! *(pausa longa)*

Ana e o Homem trocam olhares. O Homem tenta ser alegre.

Homem: Hoje temos visita.

Ana: Então deixa-me começar
A arrumar esta bandeja
De uma maneira bonita. *(pega a bandeja e sai. Pausa)*

Maria: Nunca se pode estar a sós contigo.
Tenho mãe. Tens amigos.

Homem *(grave)*:
Quem te ouve falar
Pensa que quando entramos no quarto
Somos um. E estás mais longe de mim
Do que o céu do mar.

Maria *(voz alta)*:
Quem te ouve falar
Pensa que é verdade
Que desejas esses dois que disseste
Aproximar. *(ri)* O céu e o mar!

(sai, levando alguns pães para a cozinha, cruza com Ana. Olham-se)

Ana *(entrando com muitas flores ao redor da bandeja. Dirige-se ao Homem)*:
Escuta, te parece bem estas flores

> Ao redor do que se vai comer? *(pausa)*
> Mas o que tens?

Homem: Ana, meu Deus, que solidão.
> Que triste é a tua filha!
> Quando a possuías no ventre
> Que ideias alimentavas, hein?
> Tu sorrias? Falo
> E é como se o meu hálito
> Fosse de encontro a uma pedra.
> Nem a terra, nem a terra
> Me causam tanto espanto.

Ana: É bela.

Homem *(exaltado, voz baixa)*:
> Uma fera pode ter o mesmo rosto.
> Ana! Que distância
> Passo a passo anda com ela.

Ana: É bela.

Homem: Mas que me importa! Que me importa!
> Se eu te desse uma flor a cada dia
> E sempre que a tocasses...

Ana: Uma flor de cimento?

Homem: Aguda, fria. De medo.

Maria *(entrando para arrumar a mesa)*:
> Palavras, palavras.
> Quantas palavras inúteis
> A cada dia.

Ana: Falávamos...

Maria: Do meu olhar?
    Dos teus ruídos?

Ana: Do trigo... Deste pão.

Maria: Há de ficar amargo.

Ana: Por quê?

Maria: Será mastigado
    Com palavras vãs. *(pausa)*

Homem: Por que disseste
    Que falávamos do teu olhar?
    E de quem os ruídos?

Ana *(rápida, sorrindo)*:
    Porque hoje eu dizia
    Se não tivéssemos olhos
    A vida como seria?

Maria *(severa)*: E que o meu olhar...

Ana *(interrompe sorrindo)*:
    E que o teu olhar
    Às vezes é de sol
    E outras vezes, lunar.

Homem *(grave)*: De sol e lua. *(para Maria)* Deixa-me olhar os teus olhos. Olha-me. *(aproximando-se)* De treva.

Ana *(amável)*: De fadiga, talvez.

Maria: Mas será possível
    Que não há mais o que se falar

Nesta casa, a não ser de mim
E do meu olhar? *(pausa)*

HOMEM *(para Maria, tentando ser alegre)*:
Sabes, nossa visita de hoje
É um homem delicado!
Encontrei-o no caminho por acaso.
E queres saber? Eu nem lhe sei o nome.

MARIA *(seca)*: E convidas alguém que não conheces?

HOMEM *(amável)*:
Como não conheço?
Pelo aspecto, pela fala
Deve ser homem de apreço.
Tem apenas um defeito
(as duas mulheres olham-no, interrogando)
Mas quase não se nota...
Uma corcova.

ANA: Vamos tratá-lo bem, se gostas dele. Parece que adivinhamos, não é, minha filha? Temos uma linda ceia.

MARIA: Tu é que sabes. Tratas da cozinha o ano inteiro.

HOMEM: E então o que teremos?

ANA: O mais tenro dos cordeiros.

HOMEM: Ainda que nada houvesse... Temos vinho. Basta. *(muito alegre, para Ana, ilustra o que vai contar)* Sabes, eu caminhava pelo caminho do outeiro. E de repente o homem surge. Que graça! Já não havia mais luz. E nós dois nos assustamos e ao mesmo tempo demos um salto para trás. Ah! *(exclamação de susto)* E nos olhamos e depois rimos, claro! Afinal, éramos dois homens plantados ali e quietos como dois lobisomens.

ANA: Por que será que sempre comparamos uma coisa com outra que não conhecemos?

HOMEM *(rindo)*: Por quê? Eu comparei coisa com coisa.

ANA *(rindo)*: Disseste que tu e ele eram dois homens que estavam ali, plantados e quietos como dois lobisomens.

HOMEM *(rindo)*: Bem, um lobisomem é verdade eu nunca vi.

ANA: Não disse? Por isso devias dizer... "quietos" como... *(tenta encontrar uma boa comparação)* bem...

HOMEM *(sorrindo)*: Vamos... quietos como quê?

ANA: Ora, não sei, "quietos" como... dois homens!

MARIA *(seca)*: Inquietos, devias dizer.

HOMEM *(sem compreender)*: Por quê?

MARIA: Inquieto... como todo homem.

Pausa com atmosfera desagradável.

Ana *(terminando de arrumar as flores na bandeja)*: Bem. Está quase tudo pronto. *(sai)*

Homem *(para Maria)*: Põe o vinho na mesa. Dá-me um pouco. *(ouvem-se passos e depois uma batida na porta)* Deve ser ele. Abre. *(Maria fica imóvel)* Abre, abre.

Ana aparece.

Ana *(para o Homem)*: Bateram, ouviste?

Outra batida.

Homem *(para Maria)*: Deixa, eu abro.

Maria põe a mão sobre o ombro do marido não o deixando levantar-se.

Maria *(para Ana):*
    Quem tem tanta conversa
    E é tão laboriosa
    Pode abrir uma porta. *(sai para o quarto)*

Ana abre a porta para a visita.

Corcunda *(entrando, sorrindo como um galanteio)*:
    Prometi a mim mesmo
    Dar esta flor
    A quem primeiro surgisse
    Nesta casa
    E esta porta me abrisse. *(entrega a flor para Ana)*

Homem *(levantando-se)*:
    Ainda bem que foi Ana e não fui eu.

Uma flor para um homem, já pensaste?
Até a mulher podia duvidar
Se serias ou não, mensageiro amoroso
De uma trama.

ANA *(sorrindo)*: Que perfume! E que flor tão estranha.

CORCUNDA: Não é do vosso agrado?

ANA *(pondo a mão sobre o ventre):* Muito... mas...

HOMEM: Não te sentes bem?

ANA *(para o Corcunda)*:
É que é tão belo receber um presente
Eu, que nada mais espero. *(sai)*

CORCUNDA *(extasiado, sem sair do lugar)*: Tem lindo rosto. *(enamorado)*

HOMEM: Senta-te homem. *(pausa)* Sonhas?

CORCUNDA *(extasiado, sentando-se lentamente)*: E a pele... e o andar.

HOMEM *(sorrindo mas apreensivo)*: Falas de quem? De Ana?

CORCUNDA *(sorrindo)*: Chama-se Ana? A tua Ana?

HOMEM *(sorrindo mas apreensivo. Voz baixa)*:
Minha? Estás louco.
Sou casado com a filha.
(alegre) Homem, ainda não bebeste

E já estás a delirar.
Imagina-te daqui a pouco.
(levanta o copo cheio de vinho, serve o Corcunda)
Olha a cor!
Penso às vezes comigo
Que se não fosse preciso trabalhar
Ficava diante disto
Talvez nem bebesse
Mas ficasse a olhar.

CORCUNDA *(ausente)*: Chama-se Ana.

HOMEM *(sorrindo)*: Sim. Eu já não disse?

CORCUNDA: E a tua mulher como se chama?

HOMEM *(sentindo-se à vontade)*:
Maria. Ana casou-se duas vezes
E de cada união teve uma filha.
A primeira morreu. E também os maridos.

CORCUNDA *(à vontade)*: E essa que morreu que nome tinha?

HOMEM *(sorrindo)*: Maria.

CORCUNDA: Mas Maria não é a que tens por mulher?

HOMEM *(ri)*: Sim, sim. Mas essa é uma estória!
Ana prefere a todos os nomes
O nome de Maria. Se tivesse dez filhas
A todas esse mesmo nome lhes daria.

> *(olha para o copo cheio)* Mas não bebes?
> *(Ana aparece com a bandeja enfeitada)*
> Ei-la. Tão depressa?

ANA *(colocando a bandeja na mesa. Para o Corcunda)*:

> Senhor, minha filha e eu
> Só soubemos há pouco que viríeis.
> Mas se o alimento não vos agradar
> Pensamos outro. E tudo será feito
> De novo e para o vosso gosto. *(senta-se à mesa)*

HOMEM: E Maria não vem?

ANA *(para o Homem)*: Deitou-se. *(para o Corcunda)* E vos pede perdão. Perdoa.

CORCUNDA: Cansou-se por mim?

ANA: Oh, não, senhor.
> É frágil. E hoje
> Andou de um lado a outro.
> Fez pães e mais isso
> E aquilo outro.

HOMEM *(olhando para Ana)*: Teceu, colheu flores, cantou.

ANA *(mudando rapidamente de assunto)*: Senhor, será de vosso agrado? *(serve o Corcunda)*

CORCUNDA: É tão belo assim, tão arrumado.
> É pena desmanchar.

ANA: Às vezes a beleza
 É só na aparência.
 E por dentro não há nada
 Que nos agrade. Nem paladar
 E neste caso talvez *(sorri, mostrando a bandeja tão enfeitada)*
 Nem singeleza.

CORCUNDA: Deve ser bom ser belo. *(olha para o Homem e para Ana)*
 Não é bom?

HOMEM *(para o Corcunda)*:
 Mas a beleza em nós dois *(refere-se a ele mesmo e ao Corcunda)* é dispensável.
 É tão melhor ser homem simplesmente.
 E ser amável assim como tu és.

ANA *(para o Corcunda)*:
 É verdade, senhor. A cor...
 Das coisas, tantas vezes nos engana.
 E a beleza é como a cor: conforme a luz,
 De ouro. Ou escura *(ri)* como alcaçuz.

CORCUNDA: Já vos enganastes, senhora?

ANA: Com a beleza? *(pausa)* Sim.

CORCUNDA: E como foi?

ANA: Ah, senhor, nem sei se posso...
 Se soubésseis!

CORCUNDA: Contai, contai-nos, senhora.

Homem *(tom de voz quase amoroso)*: Essa dor de não saber, eu não mereço.

Corcunda: Nem eu. Pois sendo feio como sou
>*(E isso muito me entristece)*
>Quem sabe se o vosso conto
>Há de alegrar-me. E desejarei ficar
>Tão feio, como a mim, tudo em mim
>Me parece.

Ana *(reclina-se ligeiramente na cadeira. Luz um pouco mais clara sobre Ana)*: Então, para vos alegrar...

Corcunda *(leveza)*: Como sois clara!

Ana: Ah, se soubésseis
>Nessa noite atormentada
>Como sofri de umas garras!

Corcunda *(extasiado)*: Como sois clara!

Homem: Mas deixe-a contar.

Ana *(sorrindo, grave)*:
>A noite sim era clara... *(pausa)*
>E eu pensava naqueles a quem perdi
>Treva amara,
>Quando a meu lado se fez
>Uma sombra que a princípio
>Lembrava um todo cortês
>Pelo porte ereto, altivo...
>E por isso, por ser tão belo
>Eu olhei. Mas, ah, senhor,

A sombra se fez mais densa!
E olhando bem, *(acentua)* "penso que vi"...
Aquele cujo nome eu nem vos posso dizer...
Vós o sabeis. Me dizia:
Tão bela, tanto saber
Tão só na noite vazia?
"Perdoai-me", assim dizia.
Ah, que soluço, que dor
Que lutas com ele travei!
E a manhã já se mostrava
Quando a Coisa se desfez. *(pausa)*
Desde esse dia pensei
Que a beleza pode ser clara
E sombria. Desde esse dia
Nem sei, temo por tudo
O que é belo. Temo... *(sorrindo)*
Mas a verdade é que também
Tenho amor. Tenho amor até por flores
Por animais, por estrelas.
(grave) O que senti que me faz
Amá-los com tanto amor?
(preocupada) Esse amor por animais já me disseram,
(para o Corcunda) imagine!
Que é parecença interior.
Mas por flores? Por estrelas?
Quem sou eu para sabê-las?

Corcunda *(intrigado, para Ana)*:
>Dissestes
>Que aquela sombra a princípio
>Lembrava um todo cortês *(olha para Homem)*
>Pelo porte ereto, altivo...

Ana: Sim, é verdade...

Corcunda *(para Ana)*:
>E que depois... a sombra
>Se fez mais densa.

Ana: Também isso é verdade. Por quê?
>Não encontrais coerência?

Corcunda: E que depois... olhando bem...

Homem *(interrompe)*: Viu "aquele"...

Corcunda *(interrompe, firme)*: Ana não disse assim. *(pausa)* Posso vos chamar de Ana, simplesmente?

Ana: Ana é o meu nome. E o teu?

Corcunda: Meu nome é... Meia-Verdade.

Ana: Meia-Verdade?!

Corcunda: Assim me chamam todos.

Homem *(rindo)*: E eu que não sabia! Meia-Verdade!
>Tem graça! Se a verdade ninguém sabe
>Quando se mostra. Inteira ou meia

>   Pode ser bela e feia
>   E não ser verdade.

ANA *(refletindo)*: Meia-Verdade... Por quê?

CORCUNDA *(apontando a cintura e as pernas)*:
>   Porque daqui para baixo sou perfeito
>   *(apontando a cintura e o tronco)*
>   E daqui para cima carrego meu defeito.

ANA *(meiga)*: Meia-Verdade!

CORCUNDA *(extasiado)*: Ana!

HOMEM *(para o Corcunda)*: Mas tu dizias... lembra-te...

CORCUNDA *(para Ana)*:
>   Que na tua noite vazia
>   "Pensaste" ter visto "aquele"...

ANA: Eu disse assim?

HOMEM: Disseste. Agora me lembro.
>   Disseste: "Penso que vi", "aquele"...

CORCUNDA *(interrompendo. Para Ana)*:
>   E então não há certeza
>   De ser "aquele" o maligno
>   De quem tens tanto medo.
>   Pode ser o divino. *(olha para o Homem sorrindo)*
>   *(para Ana)* Teu amigo. *(pausa)*

Ana dá sinais evidentes de mal-estar.

Homem: Ana, o que tens? Estás doente?

Ana *(angustiada)*:
>Não...
>Apenas sinto o ventre intumescido
>E dentro dele às vezes um ruído...
>Como um soco. *(cobre o rosto com as mãos)*

Corcunda: Mas o que foi? Estás conosco! Não te aflijas, te dói?

Homem *(aproximando-se)*: Estás comigo! Fala!

Ana *(angustiada, temente)*:
>Depois daquela noite
>De milagre ou castigo já não sei...
>Tenho quase certeza
>*(aflitíssima)* Ah, que vergonha, não direi!

Homem *(sentimentos múltiplos. De amor, de receio)*:
>Fala-me! Olha-me no rosto!
>Deixa-me colocar o ouvido!

(Ajoelha-se, escuta o ventre de Ana e com as duas mãos toca-lhe o ventre. Depois levanta-se, olhando-a com enorme espanto)

Ana *(falando rapidamente, angustiada e temente)*:
>Tenho quase certeza
>De que uma coisa move-se em mim
>E se acrescenta aos poucos... *(lentamente)*
>Como uma escada se encurvando
>Descendo...

Homem *(interrompendo)*: Como uma flor... quase nascendo?

Ana põe a mão sobre a boca do Homem.

Corcunda *(para Ana)*: Por que não dizes... como a tua própria carne desabrochando?

Ana: Cala!

Entra Maria e empurra o marido para longe de Ana.

Maria *(para o marido)*: Afasta-te!

Homem: Mas que demônio te tomou? Estás louca?

Maria: Não, não estou louca.
    À minha volta ainda
    Alguém, alguém me guarda.
    (para o Corcunda) Retirai-vos, eu vos peço.

O Corcunda tenta sair.

Homem *(retendo o Corcunda)*:
    Tratas como inimigo
    Quem vem à nossa casa?
    E de que me acusas?
    Não tenho sido eu
    No gesto e na palavra
    O ofendido?

Ana *(voz baixa)*: E a mim como me trata!

Maria: Dois anjos! Dois querubins!

> *(tom de voz crescente)* E um ventre que se estende!
> *(para o Corcunda)* Olha para o meu ventre
> Tu que sabes da mentira
> E da verdade. Olha!
> Inútil, repousado...
> Acreditas? Intocado!

HOMEM *(tom de voz crescente)*:
> Ah, quem te ouve falar... Queres falar?
> Falemos. Esta é a tua mãe. Este é o meu amigo.
> Falemos de uma noite, não, de todas, quando te deitas
> O grande olhar perdido... Eu não te toco? Não tento?

MARIA *(cólera)*:
> Tentas. *(voz baixa)* Mas tens no peito
> Um sonho que a sós... sonha contigo.

HOMEM *(grita)*: Ana! Tua filha está louca!

MARIA *(grita)*: Ana! Ana! É o que dizes cada noite tua boca.

HOMEM *(voz baixa e alucinado)*: Mentes. Mentes.
(pausa de grande tensão)

CORCUNDA: E se falássemos, e se falássemos
> Como se de repente a própria morte
> E a vida estivessem presentes?

MARIA: A morte.

Ana: A vida.

Corcunda *(aproxima-se de Maria. Fala muito lentamente)*:

    És tão jovem... Olha-me. Olha-me. *(pausa)*
    Sabes? Com o tempo, um certo limo
    Se faz na nossa carne. Tu não o vês.
    Nem o sentes assim, como uma coisa física.
    Nem é por dentro, que esse... limo se faz
    Nem sabes
    Se é com o tempo que ele cresce, decresce
    Ou modifica. Mas de acordo contigo
    Ele a si mesmo se transforma
    E te faz criatura alegre ou triste.
    Te faz acreditar no que perdura
    Ou em tudo que te parece real
    Mas que não existe. *(pausa)* Tu compreendes?

Maria *(voz levantando aos poucos)*:

    Não, eu não compreendo.
    Um certo limo se faz na nossa carne...
    O que tu queres dizer? Em mim nada se faz
    Acreditar no que perdura! Acredito sim
    Num certo limo... palpável. Toca-me.
    Um limo de amargura.

Homem: Mas por que falas assim? Por quê?

Corcunda *(mansamente para o Homem)*: Cala-te.

Ana *(para o Corcunda)*:
    Ah, se tu conseguisses
    Arrancar de minha filha
    Esse sal... Esse demônio de mágoa.

Homem: Um satanás, Ana, um satanás em tua filha!

Maria: O satanás do encanto! É o que tu vês
    (aponta Ana) Nessa que me deu a vida.
    E em cada canto onde ela estiver
    Tu e um outro estará presente. Um outro:
    O satanás do encanto!

Ana: Oh, meu Deus, por quê?
    Por que me fizeste assim?

Corcunda *(baixo)*: Com essa boca, essa tez.

Ana: Tão dividida?
    Se minha filha é essa que se mostra
    É porque tudo isso que eu tenho em mim...
    O mesmo sal, a mesma treva.

Homem *(para Ana)*:
    Se é verdade o que tu dizes
    (aponta Maria) e o que ela diz
    (aproxima-se de Maria) Tu, terias também
    O satanás do encanto!
    E no entanto não o tens!

Maria: E isto te desgosta. Isto te enoja.

Homem *(muito meigo)*: Mas que tola... que tola. Abraça-me. Vem.

Maria *(afastando-o)*: Ainda és capaz de me dizer palavras? Mas o que queres de mim?

Corcunda: Talvez ternura.

Maria: Ternura?!

Homem: Isso te espanta? A ternura te espanta?

Maria: Mas será possível?
    Tu te deitas *(aponta Ana)* com aquela
    E me pedes ternura?

Homem *(alucinado)*: Me deito? Me deito? Então pensas? *(esbofeteia a mulher várias vezes)* Então pensas?

Corcunda: Para! Eu te peço, para!

Ana: Por amor, para!

O Homem imobiliza-se. Maria está de joelhos.

Corcunda *(para Maria)*: Podes te levantar? Assim, assim, vamos. *(Maria ergue-se vagarosamente)* Senta-te. Senta-te. Escuta-me. *(pausa)* Certa vez...

Homem vai até a porta.

Ana *(para o Homem)*: Não, por favor...

Maria *(para Ana)*: Cala-te!

Homem tenta se aproximar, ameaçador, de Maria.

CORCUNDA *(afastando o Homem)*: Sai. Caminha um pouco. *(o Homem abre a porta e olha para Ana com olhar angustiado. Sai rapidamente. O Corcunda levanta a cabeça de Maria. Fala lentamente. Explicativo)* Certa vez, uma mulher pediu Àquele *(olha para o alto)*

> Àquele Ser antes do Um, esse que é sol e noite,
> Pássaro e coiote, que lhe fizesse brotar
> Flores nos pés.

MARIA: E esse é um pedido que se faça
> Àquele que tu dizes... Sol e noite, pássaro e coiote?

ANA: E por que não? Uma flor pode querer nascer... da nossa carne.

CORCUNDA *(mansamente para Maria)*:
> Mas sabes por quê? Essa mulher
> Tinha o andar da morte. Passo estacado,
> Escuro. E onde ela pisava, tudo perecia:
> Flor pequenina, verdura, açucena, bonina...

MARIA *(dura)*: Ah, se me fosse dado esse poder
> De ter o passo ensanguentado.

Corcunda põe a mão sobre a boca de Maria.

ANA *(triste)*: Já tens a fúria de um galope na noite
> A caminho do nada.

MARIA *(dura, voz alta)*: Numa estrada de cardos e espinhos. *(pausa)*

Claridade súbita sobre Ana, vindo de fora, através da janela.

Ana *(para o Corcunda, olha para o ventre inundado de luz)*: Tu vês? Olha! Vês?

Corcunda *(explicando)*: A claridade de fora. A luz talvez.

Ana *(contente)*: Agora tenho certeza de que será mulher.
   (aperta o ventre) Ah, bendita!

Maria *(voz entrecortada)*:
   Então é verdade, minha mãe! É mesmo verdade.
   Estás... cheia. Cheia. E como conseguiste?
   Nesta casa vivemos só nós duas... E um homem.
   Fala! *(aproximando-se)* Fala! Ou tu pensas que o meu olhar
   Foi desde sempre escuro? Tu pensas
   Que a minha boca foi desde sempre espuma?
   (voz alta, destacando as sílabas, unindo a sílaba final <u>ma</u> com <u>agora</u>)
   Amaríssima agora!
   (muda de tom para o Corcunda)
   Flores nos pés? É tudo o que pedia
   essa mulher de quem falavas?

Corcunda: Para que o andar se fizesse
       Ensolarado e leve.

Maria *(enlouquecida)*: Para morrer ao menos perfumada.

Corcunda: Para viver amante e apaixonada.

Maria: Pelos pés? Apaixonada pelos pés.

Ana *(grave, sonhando)*:
>Apaixonada por suas flores pisadas.
>Por suas dores.

Maria *(enlouquecida)*:
>E ela foi atendida?
>Nasceram-lhe flores?

Corcunda: Podes não acreditar... Podes não acreditar
>Mas é a verdade. É também a verdade, Maria
>É que Ana desejou tanto outra filha.

Ana *(as mãos e o olhar no ventre)*: Maria.

Corcunda: Que talvez... Quem é que sabe...
>Uma existência sofrida
>Pode até fazer milagres.

Maria *(voz de desafio)*:
>Espera... espera...
>Então queres me meter na cabeça
>Essa estória de milagres? Quem és?
>Existe alguém que te conheça? Meia-Verdade...
>Quem são teus amigos?

Corcunda: Muitos tenho em toda parte.

Maria: Olha, posso parecer tola aos teus olhos, mas não sou, ouviste? Como conheceste meu marido?

Ana *(levantando-se inquieta)*: Já sabemos. Foi no caminho do outeiro.

Corcunda: Não havia mais luz.

Ana *(meiga)*: Assustaram-se, não foi?

Corcunda: Às vezes uma sombra...

Maria *(interrompe)*: Se não havia mais luz, também não havia sombra.

Corcunda: Às vezes um ruído, um vulto
    Num caminho de terra...
    Bem... leva-se um susto!

Maria: E não achas estranho
    Que um homem te convide
    À própria casa
    Sem te conhecer?
    Entregas por acaso
    Teu rebanho
    A um forasteiro?

Ana *(tentando resolver)*:
    Depende. Se transpirar confiança
    E de ser um pastor tiver a graça.

Maria *(intrigada)*:
    E tu o defendes com calor! *(pausa)*
    (mudando o tom) Tu o defendes. *(quase sorrindo)*

É claro!

(sorrindo) É tão claro. Tu o defendes!

ANA: Mas o que é minha filha? Defendo uma presença em nossa casa.

MARIA: Sabes mãe... Estou ficando contente.

CORCUNDA: Fala-nos, Maria, de uma forma mais clara.

ANA *(aproximando-se da filha)*: Parece mais tranquila.

MARIA *(rindo)*: E eu que nada percebia... como fui tola! Às vezes, sim, ouvia passos... seria sonho? Pensava... É vigília? Talvez, quem sabe o demônio! Pensava. *(ri)* Mas por que não me disseram que já se conheciam? E que ele *(aponta o Corcunda)* nas noites abria esta porta e contigo se deitava? Por que esse medo de mim, minha mãe? Afinal, é a tua casa... *(vai até a porta)* E o outro que saiu... tolo, ah, eu tenho culpa sim, imaginei tanta coisa, nas noites ele falava... e eu à escuta, mas mal ouvia, quase nada, pensava que ele dizia *(olha para Ana)* o teu nome, *(ri)* Ana, Ana, tu és tão bela e boa... e encontraste, que bom... Meia-Verdade! *(aproxima-se da mãe)* Te acanhaste de mim? Ficaram todos medrosos como se eu fosse um carrasco... ou um querubim! *(aproxima-se de Meia-Verdade)* E que estórias inventaste! Flores nos pés, limo na carne! Que estórias! Como serás bom pai.

(Ajoelha-se, põe as mãos no ventre de Ana. Fala para a criança dentro da mãe)

>Ah, Maria, eu sim te farei um berço
>Que nem sei, nem conheço. Lírios...
>E um travesseiro *(olha para a mãe)*
>Sabes do quê? *(faz um gesto brusco com a cabeça, soltando os cabelos)*
>Do meu cabelo! Ficarás tão mimada!
>Não importa.
>Já sofreste bastante de pudor

(O Corcunda encaminha-se lentamente para a porta e sai. Somente Ana o vê sair)

>Com nossa mãe cautelosa te escondendo
>De mim. Terás tudo: beleza, e talvez glória
>Quem sabe. E depois terás um filho.
>Um homem. Um filho homem feito de amor.
>Esse nunca há de sofrer. Nem dor
>Nem qualquer martírio. Sabes por quê?
>Não cabe mais sofrimento. Sofremos tanto por ti.
>*(levanta-se. Olha ao redor)* E Meia-Verdade onde está?

ANA *(angustiada)*: Deixa. Filha. Deve ter ido buscar o teu marido.

Ouvem-se passos.

Maria: Ei-lo! *(entra o marido de Maria. Contente)* Ah, que bom, és tu! *(aproxima-se)*

Homem *(para a mulher)*: Sossegaste?

Maria: Agora sei de tudo.

Homem: Sabes o quê?

Maria: De Ana e Meia-Verdade. Estou contente. Perdoa. *(o Homem olha para Ana sem compreender. Muito amorosa)* Tolo... *(ri. Boceja)* Agora sim me deito sossegada. *(vai caminhando para o corredor)* Conta-lhe que eu sei de tudo, minha mãe. Tenho tal sono... *(vira-se meiga)* E amanhã, corto os cabelos. *(segura os cabelos tentando fazer uma trança. Olha para o marido)* E quem sabe... talvez... *(sorri. Puxa todo o cabelo para um lado só)* não achas, minha mãe, que são fartos e suficientes até para dois pequeninos travesseiros? *(sai)*

Ana e o Homem olham-se fixamente.

FIM

lepmeditores
www.lpm.com.br
o site que conta tudo

IMPRESSÃO:

PALLOTTI
GRÁFICA

Santa Maria - RS | Fone: (55) 3220.4500
www.graficapallotti.com.br